Lisa Pfleger

Lisa Pfleger

Vegan regional saisonal

EINFACHE REZEPTE FÜR JEDEN TAG

Das steckt im Buch

Frühling 28

Sommer 66

Herbst 104

Winter 146

Service 188

Unser „Experiment Selbstversorgung"

Es freut mich sehr, dass du dieses Buch in deinen Händen hältst. Es war immer mein Traum, ein Kochbuch zu schreiben – und nun erfüllt er sich viel früher, als erwartet.

Als Jugendliche suchte ich unermüdlich nach Rezepten und Inspirationen, denn ich begann schon relativ früh, mich vegan zu ernähren. Mit 15 kam ich spät abends von einem Konzert nach Hause und wollte über eine Band recherchieren, die im Vorprogramm auftrat. Ein kleiner blinkender Button fragte: „Warum vegan?" Ich fragte mich in diesem Moment nicht nur warum, sondern auch: „Was ist das überhaupt?" Noch in dieser Nacht entschied ich mich, nie mehr Fleisch zu essen. Viele Fakten über Tierhaltung, Ökologie und Menschenrechte hatten mich im Nu überzeugt, dass der Schritt zur veganen Ernährung für mich nur folgerichtig sein konnte. Mit 16 konnte ich ihn dann tun: Mit mehr Übung im Kochen schaffte ich es, mich auch noch von Milch und Käse zu verabschieden.

Seitdem habe ich richtig Freude am Kochen: Ich entdecke immer wieder neue Produkte, das Angebot wird ständig größer. Heute bekomme ich sogar bei unserem Mini-Nahversorger im nächsten Dörfchen problemlos Soja-milch, Tofu und veganes Joghurt. Vegan zu essen bedeutet für mich keinen Verzicht.

2008 lernte ich dann Michael kennen und lieben. Gemeinsam entwickelten wir unseren Traum vom Landleben. Wir wollten gesundes Obst und Gemüse anbauen, Brot backen lernen, Wildkräuter sammeln und das einfache Leben genießen. Kurz gesagt, wir starteten unser „Experiment Selbstversorgung", welches wir auf dem gleichnamigen Blog **www.experimentselbstversorgung.net** bis heute dokumentieren.

Es ist eine spannende Reise, bei der wir täglich dazulernen. Was kann man eigentlich alles anbauen? Und was müsste man anbauen, um sich nur noch mit Produkten aus dem Garten und der uns umgebenden Natur zu ernähren? Natürlich erreichen wir unser Ziel noch nicht hundertprozentig, doch wir verlieren es nicht aus den Augen. Unser Wunsch stellte uns dann bald vor die Aufgabe: „Was kocht man mit dem, was der Garten und die Saison bieten?" Anfangs war das gar nicht so einfach, wenn man gewohnt ist, dass Salat, Tomaten und Gurken das ganze Jahr im Supermarkt zur Ver-fügung stehen. Zwar kochen wir beide gerne und viel, aber trotzdem wuss-ten wir mit Kraut, Roter Bete und Rettich nicht viel Kreatives anzufangen. Was folgte, ist eine bis heute andauernde Experimentierphase der Kreativi-tät und der Vereinfachung. „Weniger ist oft mehr" und „Keep it simple" sind dabei unsere Leitlinien.

Ergebnis ist nun dieses Kochbuch mit einer Sammlung an abwechslungs-reichen, schmackhaften und möglichst einfach gehaltenen Rezepten.

Ich hoffe, dass einige Inspirationen für dich dabei sind und du mit dem einen oder anderen Gemüse eine neue Bekanntschaft schließt. Lass dich überraschen, was man beispielsweise auch im Winter – einer sehr karg anmutenden Zeit – so alles mit frischem Gemüse zaubern kann oder welche Wildpflanzen du in deinen Speiseplan einbauen kannst.

Viel Freude beim Kochen, Experimentieren und Weiterentwickeln wünscht dir

Vegan
ohne
Schnickschnack

Kochtopf, Liebe, ein paar gute Zutaten – was du
sonst noch für die Rezepte in diesem Buch brauchst
und wo du es bekommen kannst, erfährst du in diesem Kapitel. Die Devise lautet: Weniger ist mehr –
dafür lieber auf gute Qualität achten.

Warum noch ein veganes Kochbuch?

Schon lange hatte ich den Wunsch nach einem Kochbuch, das mit rein regionalen und ausschließlich veganen Zutaten auskommt. Schließlich haben wir den Traum, uns selbst zu versorgen, und wollten uns auch der Umwelt zuliebe nach Alternativen zu Reis, Banane, Kokosmilch und Hawaiitoast mit veganem Käse und Ananas umsehen. All diese Produkte kommen ja entweder von weit her oder sind stark verarbeitete Fertigprodukte.

Doch was kocht man ohne all diese Leckereien? Eine nicht weniger wichtige Frage war: Was kochen wir außerhalb der Saison von Allerwelts-Zutaten wie Tomaten, Zucchini, Paprika? Klar, es gibt ein paar klassische Gerichte mit Weißkohl oder Karotten – aber früher griffen wir doch immer wieder zu Tomaten und Zucchini im Winter. Weil sie eben immer verfügbar sind …

Mangels Kochbuch und weil wir spontane Kreativköche sind, haben wir dann begonnen, nur noch regionale Zutaten der Saison einzukaufen und versucht, etwas daraus zu zaubern. Plötzlich schienen die Möglichkeiten gar nicht mehr so eingeschränkt! Es ist wirklich spannend, mit den eher unscheinbaren Gemüsesorten zu arbeiten und Süßspeisen mit Äpfeln oder Trockenfrüchten immer wieder neu zu erfinden. Fest steht, ich lerne ständig dazu, mit gewissen Zutaten umzugehen und sie kreativ einzusetzen. Und ich liebe diese Entdeckungsreise. ☺ Was also ist jetzt das Besondere an diesem Kochbuch? Es vereint die vegane Ernährungsweise mit ausschließlich regionalen Zutaten. Dadurch kommen nur Lebensmittel zum Einsatz, die gerade bei uns Saison haben.

Und alle Rezepte haben wir selbst mehrfach gekocht, sodass unsere ganz persönlichen Erfahrungen und Tipps in das Buch einfließen konnten.

Was ist denn eigentlich „vegan"?

Eine vegane Lebensweise ist der Versuch möglichst gewaltfrei zu leben und Leid zu vermeiden. Veganer und Veganerinnen streichen daher sämtliche tierische Produkte von ihrem Speiseplan wie Fleisch, Milchprodukte, Eier und so weiter.

Und warum „regional"?

Die wichtigsten Argumente sind für mich zum einen der Klima- und Umweltschutz. Neben dem hohen CO_2-Ausstoß, der durch Transporte, beispielsweise von Ananas mit dem Flugzeug, entsteht, belastet der Verkehr durch Feinstaub, Straßenbau etc. generell die Umwelt.

Zum anderen finde ich es wichtig, zu wissen, wie meine Lebensmittel produziert werden. Und je nachdem, welche Quelle deines Vertrauens du hast, kannst du die Höfe sogar besichtigen! In kleinen regionalen Bauernläden und bei so manch anderen Bezugsquellen (Seite 189) ist außerdem das Risiko, versehentlich mal zu Äpfeln aus Neuseeland zu greifen, schon mal minimiert bis ausgeschlossen. Ich greife genau auf solche kleinen Strukturen gerne zurück. Supermärkte mit ihren riesigen Infrastrukturen sind extrem komplex und zumindest für mich undurchschaubar geworden.

Und nicht zuletzt wird die Qualität durch kurze Transportwege positiv beeinflusst, da die Früchte reifer geerntet werden können. Regional heißt allerdings nicht per se immer umweltfreundlich: Auch für regionalen Anbau im Gewächshaus wird viel Energie eingesetzt, um beispielsweise die Ernte zu verfrühen.

Welche Zutaten sind überhaupt regional?

Nun aber zu einem kleinen Überblick, welche Zutaten du üblicherweise aus regionalem Anbau erwerben kannst.

Obst und Gemüse
Verlasse dich dabei nicht nur auf das Herkunftsschild. „Aus heimischem Anbau" bedeutet manchmal auch: aus dem beheizten Gewächshaus (Erdbeeren) oder aus dem Kühllager (Äpfel). Diese Intransparenz kannst du am besten umgehen, indem du auf Märkten oder in kleinen Bauernläden den unmittelbaren Kontakt zu den Produzenten suchst und einfach nachfragst.

Pilze
Aus heimischem Anbau findest du beispielsweise Champignons, Austernpilze, Kräuterseitlinge, Shiitake, ... Wildsammlungen gibt es natürlich auch, z. B.: Steinpilze, Eierschwammerl (Pfifferlinge), Parasol, ...
Selber Sammeln ist schön – sofern man die Pilze sicher erkennt. ☺

Wildkräuter und Wildobst
Hier bleibt nur das selber Sammeln. Macht sowieso am meisten Spaß! Ein paar tolle Bestimmungsbücher schnappen und los geht's.

Gewürze und Kräuter

Unsere wohl intensivsten Würzmittel sind Knoblauch und Zwiebel. Kümmel und Fenchel gedeihen bei uns gut. Ich habe auch noch Paprikapulver verwendet, obwohl es am ehesten in Ungarn angebaut wird – in meinem Fall ist das ja auch noch regional. Getrocknete, gemahlene Pilze sind bei uns der Hit! Versuch auch, kreativ zu werden und andere Geschmacksgeber zu verwenden: röste und mahle Samen (z. B. Leinsamen) und verwende Tomatenmark.

Nüsse und Samen

Unsere heimische Flora hat einiges zu bieten: Sonnenblumenkerne, Leinsamen, Mohn, Kürbiskerne, Popcornmais, Esskastanien, ... Vereinzelt sind auch Haselnüsse, Walnüsse und geröstete Sojabohnen aus regionaler Ernte zu bekommen.

Getreideprodukte

Hast du schon mal Buchweizen, Hirse, Gerste, Hafer, Dinkel, Weizen, Maisgrieß (Polenta), Emmer oder andere probiert? Daraus lässt sich übrigens viel mehr zaubern als immer nur die üblichen Beilagen.

Mein Tipp

Probiere auch mal verschiedene Samen von Wildkräutern! Zum Beispiel von Knoblauchsrauke, wilder Karotte oder Brennnesseln.

Essig und Öl

Essige und Öle lassen sich in regionalen Bauernmärkten relativ einfach bekommen. Ich verwende am liebsten Raps-, Sonnenblumen- und Kürbiskernöl. Es gibt aber weitere, besondere Öle in unseren Breiten: Lein-, Distel-, Mohn-, Hanf-, Traubenkernöl, ...
Apfelessig ist der Klassiker, den man fast überall regional bekommt. Dir wäre das zu langweilig? Wie wär's damit, Essig selbst zu aromatisieren? Das geht natürlich auch mit Öl (Seite 24)! Vielleicht findest du in deiner Region aber auch Schmankerl wie Pflaumen-, Birnen-, Kirschen- oder Quittenessig?

Salz

Salzbergwerke gibt es sowohl in Deutschland und Österreich als auch in der Schweiz.

Hülsenfrüchte

Viele Bohnen und Linsen kommen von weit her. Aber glücklicherweise finden sich auch immer öfter (wieder) Hülsenfrüchte aus regionalem Anbau: Erbsen, Tellerlinsen, Feuerbohnen, Sojabohnen ... Hör dich mal um.

Wo bekomme ich was?

Natürlich bekommst du alle in den Rezepten verwendeten Zutaten auch in Supermärkten. Hier noch ein paar alternative Einkaufsmöglichkeiten, wo du regionale Nahrungsmittel bekommen kannst.

Bioläden

Der Bioladen ist ein Klassiker, wenn du einen in deiner Nähe hast. Aber lass' dich nicht täuschen. Bio ist nicht immer gleich regional. Ein Blick auf das Etikett, um die Herkunft zu prüfen, lohnt sich auf jeden Fall.

Bauernmärkte

Nicht auf jedem Markt werden ausschließlich lokale Produkte verkauft. Ich bin schon oft auf Märkten gelandet, wo ich mich dann über Tomaten im Februar wunderte. Oft haben da auch HändlerInnen einen Stand, die das Gemüse im Großhandel einkaufen. Da musst du einfach den (Bio-)Gemüsestand deines Vertrauens finden – „durchs Reden kommen d'Leut zam", sagt man bei uns gerne.

Bauernläden und Direktvermarktung

Wir sind auf einen Bauernladen in unserer Nähe gestoßen, in dem mehrere landwirtschaftliche Betriebe gemeinsam in einem kleinen, feinen Geschäft ihre Produkte vermarkten. In unserem gibt es glücklicherweise auch viele schmackhafte Bio-Produkte. Bestimmt findest du solch einen Laden auch in deiner Nähe. Neben den Läden gibt es auch Direktvermarkter, die nur ihre eigenen Produkte anbieten.

Für mich gibt es nichts Schöneres, als unser Getreide direkt vom Bauernhof zu holen und mit der Bäuerin zu plaudern.

Biokiste

Eine sehr bequeme Variante ist die Biokiste. Sehr flexibel kann man sich wöchentlich oder vierzehntägig per Abonnement eine Kiste liefern lassen oder individuell bestellen.

Supermarkt

Der Vollständigkeit halber sei erwähnt, dass auch Supermärkte immer häufiger einen kleinen Anteil an regionalen Produkten anbieten. Allerdings ist bei der Kombination „regional und bio" das Angebot dann oft klein.

Food Coops (Lebensmittelkooperativen)

Wenn du keine DirektvermarkterInnen in deiner Nähe hast, organisier' dich doch in einer Gruppe. Aus Wien kenne ich diverse Food Coops, die bei Bäuerinnen und Bauern in größeren Mengen Obst, Gemüse und Getreideprodukte kaufen und dann untereinander aufteilen. Da es keinen Zwischenhandel gibt, bekommt der Hof faire Preise und du die Lebensmittel obendrein oft noch günstiger (www.foodcoops.at).

Solidarische Landwirtschaft – CSA (Community Supported Agriculture)

Ein weiteres, sehr schönes Modell ist die solidarische Landwirtschaft. Eine „Community" rund um einen landwirtschaftlichen Betrieb darf mitbestimmen, welches Gemüse angebaut werden soll. Dafür gibt es ein paar Termine, an denen am Bauernhof mitgeholfen wird, um die Ernte zu stemmen oder Unkraut zu jäten. Auch das Risiko wird zwischen Produzierenden und Konsumierenden aufgeteilt: Man zahlt im Vorhinein für eine ganze Saison. So muss der Hof bei Ernteausfällen nicht draufzahlen und wenn es einen Ernteüberschuss gibt, bekommt man natürlich mehr für sein Geld.

Aus dem eigenen Garten
Nicht zuletzt ist es natürlich am schönsten, Obst und Gemüse selbst anzubauen. Egal, ob dein Garten groß, klein oder auf dem Balkon angelegt wird: Frische, selbst gezogene Produkte bereichern das Essen ungemein – und das vor allem auf einer Herzensebene.

Selbsterntefeld
Wenn du weder Garten noch Balkon hast, kannst du auf einem Selbsterntefeld Hand anlegen. Das macht nicht nur Spaß – du triffst dort auch Gleichgesinnte und kannst dich austauschen. Mit Dreck unter den Fingernägeln schmeckt's am besten!

Aus Wald und Wiese
Vergiss nicht die Möglichkeit, Wildkräuter und Wildobst zu sammeln! Sie beinhalten ein Vielfaches an Nährstoffen und bringen dir die geballte Ladung an Vitaminen.

Küchenwerkzeug – wenig Schnickschnack, dafür hohe Qualität

Für die Zubereitung der Rezepte in diesem Buch werden keine Küchenmaschinen oder allzu spezielle Geräte benötigt. Du wirst alle Rezept mit einer Grundausstattung zubereiten können. Für mich sind diese Küchenwerkzeuge besonders nützlich:

Messer
Nichts nervt mich beim Kochen mehr als stumpfe Messer! Daher inverstiere ich lieber ein bisschen in gute Messer, beziehungsweise lasse lieber erst mal die in der Küche vorhandenen gut schleifen.

Schneidebretter
Sie sind für mich der zweitnervigsten Faktor: zu kleine, rutschige Brettchen. Gegen das Rutschen hilft ein feuchtes Küchentuch, das unter das Brett gelegt wird.

Ich persönlich mag Holzbretter sehr gerne. Hauptsache, die Bretter sind groß und haben am besten noch eine vertiefte Rinne am Brettrand.

Messbecher? Küchenwaage? Tasse!

Für die allermeisten Rezepte brauchst du keine Messgeräte außer einer Tasse! Such dir eine Tasse, in die genau 250 ml passen – das entspricht dann dem Tassenvolumen, das ich für meine Rezepte verwendet habe. Meist muss nur das Verhältnis von Mehl zu Wasser ganz exakt gemessen werden, daher ist die Tassengröße nicht zu wichtig.

Schraubgläser – shake it!

Sie sind einfach praktisch: Zum Einmachen von Leckereien für den Vorrat, zur Aufbewahrung und vor allem als „Shaker": ideal, um darin lecker-schmecker Salatdressings (Seite 23) oder „Soßenbinder" (Seite 21) zu verschütteln!

Fleischwolf – zweckentfremdet

Ein tolles, stromloses und meist günstiges Allround-Gerät! Beispielsweise schrote ich damit geröstete Leinsamen (z. B. für den Leinsamenaufstrich, Seite 170) oder zermuse gekochte Sojabohnen (für Sojamilch, Seite 26).

Nudelmaschine – für Nudelverliebte

Für den Frischverzehr brauchst du keinesfalls eine Nudelmaschine. Als ich allerdings Nudeln auf Vorrat herstellen und trocknen wollte, habe ich die Erfahrung gemacht, dass sie ohne Nudelmaschine bei mir zu unregelmäßig und zu dick werden. Als ich die getrockneten Nudeln kochen wollte, waren sie außen schon matschig und innen noch hart. Mir persönlich fällt das Produzieren auf Vorrat mit der Nudelmaschine einfach deutlich leichter.

Sonstiges

Im Übrigen habe ich ein paar gute Rührschüsseln, einen Schneebesen zum Verquirlen, einen Dämpfeinsatz zum schonenden Garen, eine einfache Vierkantreibe, einen Kartoffelstampfer zum Zermusen, eine gute (evtl. beschichtete) Pfanne und gute Töpfe. Zum Backen verwende ich lediglich eine Backform. Allerdings kannst du dir selbst die in den meisten Fällen sparen, wenn du beispielsweise ofenfeste Töpfe verwendest. Jedenfalls brauchst du für dieses Buch keine Spezialbackformen. Ein großes feines und ein grobes Sieb sind auch noch gute Helferlein! Ach ja, und für gaaaanz wenige Rezepte ist ein Mixer notwendig, wobei ein Stabmixer reicht.

Meine Grundrezepte

Wasser und Mehl – Grundrezepte aus Getreide

Ich liebe das Arbeiten mit Teigen! Vor allem, weil man so unterschiedliche Gerichte mit ihnen zubereiten kann. Ich verwende oft für verschiedene Rezepte dieselbe Basis. Mittlerweile ist es schon ein Running Gag, wenn Leute fragen: „Mhm, wie hast du den Teig gemacht?" – Die Antwort mit grinsendem Gesicht lautet stets: „Nur mit Mehl und Wasser." ☺
Natürlich bestehen nicht alle Teige nur aus Mehl und Wasser, aber ich habe mit der Zeit einfach aufgehört, für Teige Sojamilch, Ei-Ersatz oder ähnliche „Ersatzprodukte" zu verwenden. Zudem war mir immer wichtig, dass ich keine Rührgeräte brauche, um beispielsweise vegane Butter cremig zu rühren. Seit Jahren verwende ich stattdessen nur noch Öl. Das Ergebnis: Die Kuchenteige sind superschnell fertig! Alles in die Schüssel geben und mit einem einfachen Löffel kräftig durchgerührt. Das dauert keine fünf Minuten bei mir.

Welches Mehl ist am besten?

Einige meiner Rezepte mit Teigen mögen nicht gerade gesund anmuten, weil ich fast immer weißes Mehl verwende. Ich habe mich dafür entschieden, weil ich mit Vollkorn selbst noch experimentiere. Auch ich esse nicht ausschließlich Vollkorn und versuche, ein gesundes Maß zu finden. Bei Kuchen, die man einfach nur zusammenrühren muss, sehe ich kein Problem mehr – im Gegenteil: Das Vollkornmehl gibt unheimlich viel Geschmack. Allerdings gelingen mir gewisse Teige mit Weißmehl besser, weil es einfach besser klebt und elastischer ist. Daher habe ich alle Grundteige mit „Universalmehl" gemacht. Dies ist bei uns in Österreich das gängige Mehl – es entspricht in etwa dem in Deutschland und der Schweiz erhältlichen Weizenmehl der Type 405 oder 550 (in der Schweiz auch „Weißmehl" oder „Halbweißmehl" genannt).
Für Vollkornteige würde ich die Teige zunächst einfach laut Grundrezepten zubereiten und dann langsam den Vollkornanteil erhöhen.

Mehl und Flüssigkeitsmenge

Die Angaben in den folgenden Rezepten beziehen sich immer auf Universalmehl – und auch da kann mal mehr, mal weniger Flüssigkeit nötig sein. Vollkornmehl kann generell mehr Wasser aufnehmen. Die Knetteige werden mit der angegeben Wassermenge sehr weich – ich habe mir angewöhnt, sie lieber von etwas zu weich auf fester zu kneten, da es umgekehrt eine Schinderei ist. Das heißt: Halte immer noch etwas mehr Mehl bereit – zum Bearbeiten brauchst du sowieso noch welches.

Universalteig

Für jeweils 2–3 Portionen Nudeln, Maultaschen,
Lasagneblätter, hauchdünne Fladen, Wraps,
Knödel

Zutaten: · 2 Tassen Mehl
· 1 Tasse Wasser
· evtl. zum Verfeinern etwas Salz und
1–2 EL Öl

Knete die Zutaten zu einem geschmeidigen
Teig. Zum Ausrollen immer etwas Mehl auf die
Arbeitsfläche geben.

Für Nudeln: Gib' auf jeden Fall genügend Mehl
auf die Arbeitsfläche, da die Nudeln während
der Wartezeit auf das Kochwasser aufweichen
und auf der Fläche kleben bleiben können.
Daher solltest du das Wasser auf jeden Fall
rechtzeitig aufkochen.

Den Nudelteig etwa 3 mm dünn ausrollen und
mit einem Messer (oder besser: mit einem Pizza-
roller!) in die gewünschten Formen schneiden.
Das Kochen selbst geht super schnell: dauert etwa 2–3 Minuten. Wenn die Nudeln oben
schwimmen, sind sie fertig (Probiere sie ruhig,
aber Vorsicht: Sie sind definitiv viel weicher
als gekaufte Hartweizennudeln – lass' dich also
dadurch nicht irritieren!). Die Nudeln in einem
Sieb abgießen und möglichst sofort mit einer
Soße oder etwas Öl mischen.

(Fortsetzung von Seite 17)

Für Maultaschen & Lasagneblätter: Die Zubereitung für Maultaschen ist die gleiche wie bei den Nudeln – achte aber darauf, dass das Wasser nur leicht siedet, damit sie nicht aufreißen! Lasagneblätter musst du aber nicht vorkochen: Sie werden auch durch das austretende Wasser im Gemüse gar. Find' ich einfach bequemer. ☺

Für Knusperfladen oder Wraps: Die Fladen rollst du hauchdünn aus, mehlst sie gut (!) ein und bäckst sie in der trockenen Pfanne. Dabei entstehen lustige Blubberblasen im Teig, die dich nicht weiter stören müssen. Aus der Pfanne bitte immer das abfallende Mehl mit einem kleinen Besen rausfegen, da es sehr schnell verbrennt.

Für die Knusperfladen kannst du den Teig so dünn wie möglich ausrollen und so lange backen, bis sie ganz knusprig sind. Für die Wraps mache ich sie einen Hauch dicker und backe sie nur so lange, dass sie noch weich und biegsam sind!

Für gefüllte Knödel: Hierfür drückst du babyfaustgroße Teigklumpen zu etwa 0,5 cm dicken Fladen flach. Nun die Füllung hindrücken, den Teig rundherum wie einen Beutel zuziehen und zu einer Kugel formen.

In Salzwasser etwa 20 Minuten ziehen lassen. Das Wasser sollte nicht kochen, sondern nur leicht simmern. Danach die Knödel abschöpfen und in einer Bröselmischung wälzen oder mit pikanter Soße übergießen.

Früher dachte ich, Pfannkuchen müssten goldbraun werden. Dadurch sind sie aber leider oft auch ausgetrocknet, weswegen ich die Pfannkuchen jetzt lieber etwas „bleicher" lasse. Somit bleiben sie auch elastischer und weicher – was mir persönlich besser schmeckt.

Pfannkuchen / Palatschinken

Für 2–3 Portionen

Zutaten:
- 2 Tassen Wasser
- 2 Tassen Mehl
- 1 Prise Salz
- evtl. etwas Zucker, wenn der Teig für süße Pfannkuchen verwendet wird
- etwas Öl zum Backen

Ebenfalls nur aus Mehl und Wasser besteht mein Pfannkuchenteig. Einfach alle Zutaten zu einen geschmeidigen Teig rühren und fertig! Du kannst ihn noch ein bisschen stehen lassen, damit das Mehl das ganze Wasser aufnimmt (vor allem bei Vollkornmehl!). Zum Ausbacken etwas Öl in eine beschichtete Pfanne geben (ist sie unbeschichtet, brauchst du viel mehr Öl!) und auf mittlerer Hitze (oder etwas heißer) von beiden Seiten backen. Wenn die Temperatur zu hoch ist, bekommen die Pfannkuchen lauter kleine Löcher. ☺

Hefeteig salzig

Für 500 g Brot

Zutaten:
- 3 Tassen Mehl
- 1 Pkg. Trockenhefe
- 1 TL Salz
- 1 – 1 ½ Tassen Wasser
- evtl. zum Würzen: gemahlener Koriander und Kümmel oder Kräuter
- evtl. als Leckerbissen: 1 geriebene Karotte oder 1 Handvoll Sonnenblumenkerne oder Nüsse oder Leinsamen oder von allem etwas ☺

Geeignet für Brote, Pizza und pikantes Gebäck. Mische erst die trockenen Zutaten und gib dann das Wasser dazu. Alles verrühren und zu einem geschmeidigen Teig kneten und mit einem Tuch abgedeckt 1–2 Stunden ruhen lassen. Die optimale Temperatur: relativ warm: 32 °C! Sollte der Teig zu weich sein, knete noch etwas Mehl hinein. Ich mache ihn am Anfang lieber zu weich und gebe später eventuell noch Mehl hinzu. Optimalerweise verdoppelt der Teig sein Volumen. Ich selbst lasse den Teig allerdings oft einfach bei Zimmertemperatur gehen – oder manchmal auch gar nicht, wenn ich's eilig habe.

Für Pizza: Für eine Pizza (Backblechgröße) kannst du den Teig halbieren. Das kommt auch darauf an, ob du den Pizzaboden knusprig dünn haben willst oder eher amerikanisch: hoch und fluffig. Mische auch mal 2 Esslöffel Öl (und dann bei Bedarf etwas mehr Mehl) und 1 Esslöffel Kräuter der Provence in den Teig – mhm!

Hefeteig süß

Für 1 Backblech

Zutaten: · 2 ¼ Tassen Mehl
· 1 Pkg. Trockenhefe
· ¼ Tasse Zucker
· ¼ TL Salz
· 8 EL Öl
· ½ – ¾ Tasse Wasser

Für Kuchen, Mohnschnecken, Germknödel, … Mische die trockenen Zutaten und rühre dann die flüssigen unter. Einen geschmeidigen Teig kneten und 45 Minuten zugedeckt warm gehen lassen (siehe „Hefeteig salzig").

Universal-Kuchenteig
Für 1 Springform
Zutaten: · 2 ⅓ Tassen Mehl
· ¾ Tasse Zucker
· 4 TL Backpulver (evtl. etwas weniger, wer den Geschmack im Kuchen nicht mag)
· 1 Prise Salz
· 6 EL Öl
· 1¼ – 1¾ Tassen Wasser
· 1 EL Apfelessig

Den Backofen auf 180 °C Ober- und Unterhitze vorheizen. Die trockenen Zutaten gut mischen und dann die flüssigen (bis auf den Apfelessig) dazugeben – gut mit dem Schneebesen verrühren. Eine Springform einölen, mit Mehl bestäuben und den Apfelessig noch unter den Teig rühren. Die Säure des Apfelessigs löst eine chemische Reaktion mit dem Backpulver aus, die die Triebwirkung verstärkt. Da sie sofort einsetzt, sollte man den Teig allerdings nicht zu lange stehen lassen. Gib den Teig sofort in die Form und schieb ihn in den Backofen. Etwa 40 Minuten backen und die Stäbchenprobe machen (dazu mit einer Spicknadel, oder – wie ich es stümperhaft mache – mit einer Gabel oder einem Messer in die Kuchenmitte stechen). Klebt noch flüssiger Teig dran, muss er noch weiter backen.

Mein Tipp

Diesen einfachen Biskuitteig kann man vor oder nach dem Backen mit Früchten belegen. Oder du gibst bereits in den Teig Früchte (z. B. Kirschen, Heidelbeeren, Johannisbeeren, …). Außerdem kannst du einen Teil des Mehls durch geriebene Nüsse oder Mohn ersetzen (maximal 50 %) und Trockenfrüchte beimischen.

Mürbeteig
Für 1 Springform
Zutaten: · 2 Tassen Mehl
· 2 TL Backpulver
· 1 Prise Salz
· 1 Tasse Puderzucker
· ½ Tasse Öl
· ½ Tasse Wasser

Mische zuerst die trockenen Zutaten und füge dann die flüssigen hinzu. Verknete alles zu einem geschmeidigen Teig, der noch etwas ruhen darf (am besten im Kühlschrank). Dann rollst du den Teig aus und drückst ihn in eine Backform. Der Teig ist ebenfalls geeignet um Kekse auszustechen.

Strudelteig
Für 1 Strudel
Zutaten: · 1 Tasse Mehl
· ½ Tasse Wasser
· 4 EL Öl
· 1 Prise Salz

Alle Zutaten zu einem lockeren Teig verkneten. Knete dabei so gründlich und so lange wie du Lust hast – er wird dadurch umso geschmeidiger! Lass' den Teig dann etwa 1 Stunde im Kühlschrank ruhen.
Danach kannst du den Teig „ausziehen": Das heißt, rolle ihn recht dünn aus und zieh an den Rändern – er ist ziemlich elastisch. Du kannst auch mit den Fäusten unter den Teigfladen schlüpfen und den Teig so noch etwas dehnen. Er wird idealerweise so dünn, dass man den Untergrund durch den Teig durchscheinen sieht. Achte dabei darauf, genügend Mehl auf die Arbeitsfläche zu geben, damit er nicht anklebt.
Bevor du den Teig füllst, lege ihn auf ein bemehltes Tuch. So ist es dann einfach, ihn mit Hilfe des Tuches zusammenzurollen und auf das Backblech zu heben.

Spätzleteig
Für 2 Personen
Zutaten: · 1½ Tassen Mehl
· 1 Tasse Wasser
· 1 Prise Salz

Verrühre alle Zutaten für den Teig. Er soll zäh vom Löffel fallen. Koche inzwischen Wasser auf. Nimm jetzt das Spätzlesieb oder den Spätzledrücker oder einfach ein kleines Holzbrettchen. Du gibst 3 bis 4 Esslöffel vom Teig auf das Brett, hältst es über das kochende Wasser und schabst mit einem Messer dünne Streifen direkt in den Topf. Schwierig? Dachte ich auch, aber man kommt relativ schnell in einen Rhythmus und kann dann flott Spätzle ins Wasser schaben. Die Spätzle kochen, bis sie oben schwimmen und abseihen.

Für Nockerl: Aus dem Spätzleteig stichst du mit einem nassen Teelöffel die Nockerl aus und lässt sie ins kochende Wasser gleiten. Sie sind super als Suppeneinlage! Du kannst auch z. B. Kräuter in den Nockerlteig mischen.

Mehlschwitze / Einbrenn
Für etwa 2 Portionen
Zutaten: · 2 EL Bratöl
· 3 gestrichene EL Mehl
· etwa ½–1 Tasse kaltes Wasser

Mehlschwitze eignet sich super, um Soßen, Suppen oder Pfannengerichte einzudicken! Das Öl langsam erhitzen und das Mehl einrühren. Rühren und etwas erhitzen, bis es blubbert. Möchtest du die Soße etwas brauner, erhöhe etwas die Hitze, die Soße kann aber auch weiß bleiben. Gib dann das Wasser dazu, rühre alles glatt und lass' die Soße gut köcheln, bis sie schön bindet. Nun kannst du die Einbrenn in eine Soße, ein Pfannengericht oder in eine Suppe einrühren!
Die einfachere Variante ist, einfach Mehl und kaltes (!) Wasser in einem Glas zu verschütteln und das Ganze dem Gericht zuzufügen.

„Käse"soße
Für etwa 2–3 Portionen
Zutaten: · 4 EL Öl
· 3 EL Mehl
· 1 Tasse kaltes Wasser
· 1 gestr. TL Salz

Erhitze auf mittlerer Stufe das Öl in einem Topf und gib das Mehl dazu. Mit einem Schneebesen gut durchschlagen und weiter erhitzen, bis die Mischung Blasen wirft und etwas köcheln lassen (immer gut rühren!). Dann Wasser und das Salz untermischen. Lass alles aufköcheln, bis die Masse eindickt.
Du hast nun deine Soßen-Basis, die du beliebig würzen kannst! Pepp' sie auf mit Knoblauch, Paprikapulver oder Kräutern oder allem zusammen. Du kannst auch noch etwas mehr Öl nehmen, um den Geschmack zu intensivieren – je fetthaltiger desto leckerer, leider. Auch die Konsistenz kannst du nach Belieben variieren. Einfach mehr oder weniger Wasser/Öl dazu geben!
Diese Soße eignet sich prima zum Überbacken!

Mein Tipp
Für eine glutenfreie Mehlschwitze und „Käse"soße kannst du auch Maismehl nehmen.

Kochzeiten von Getreide

In der folgenden Tabelle findest du Einweich-
zeiten, Kochzeiten und Nachquellzeiten sowie
die erforderliche Wassermenge pro Tasse
Getreide. Nachquellen bedeutet: Herd ausschal-
ten und Deckel auf dem Topf lassen.
Generell solltest du Getreide immer mit Deckel
kochen, weil es durch den entstehenden Dampf
gar wird.
Das Einweichen macht das Getreide nicht nur
bekömmlicher, sondern verkürzt auch die
Kochzeit, was ebenfalls energiesparend ist.
Hast du schon mal „stinknormale" gekochte
Weizen- oder Dinkelkörner probiert? Das klingt
sehr nach „Öko", aber sie schmecken einfach
gut!

Grundrezepte Salatdressings

Hier findest du ein paar Ideen für Salatdressings, die du nach Lust und Laune über deinen
Salat geben kannst. Bei manchen Salaten gibt's
aber auch eine konkrete Empfehlung. Ein guter
Salat lebt neben guten Zutaten vor allem auch
von einem lecker-schmecker Dressing. Am bes-
ten wechselst du öfter ab und sparst nicht an
hochwertigen Zutaten. So macht gesund und
frisch essen gleich noch mehr Spaß. ☺
Das richtige Mischungsverhältnis zwischen
Essig und Öl beim Dressing ist immer die große
Frage ... Die Antwort lautet: Nach deinem
Geschmack. Trotzdem gebe ich in den Dressing-
Rezepten zur ersten Orientierung Mengen an.
Salz fügst du ebenfalls nach Geschmack zu, und

Auf 1 Tasse:	... Tassen Wasser	Einweichzeit	Kochzeit in Minuten	Nachquellzeit in Minuten
Buchweizen	1,5–2	15 Minuten	10–20	
Dinkel	2–2,5	10–12 Stunden	30–45	30–60
Getreideschrot allgemein	2–2,5	5–10 Minuten	10–20	
Haferkörner	1,5–2	Nicht länger als 2 Stunden (kann bitter werden)	15–30	15–30
Hirse	2–2,5	5–15 Minuten	10–20	
Maisgrieß/Polenta	3–4	5–10 Minuten	10–20	
Roggen	2,5	10–12 Stunden	30–45	30–60
(Roll)gerste	2–2,5	10–12 Stunden	30–45	30–60
Weizen	2,5	10–12 Stunden	30–45	30–60

Die Angaben können etwas variieren: Je weniger Wasser und je kürzer die Kochzeit, desto
kerniger werden die Körner. Umgekehrt, je mehr Kochwasser und je länger du das Getreide
garen lässt, desto weicher wird es natürlich.

*Ich koche Getreidekörner auch gerne in Eintöpfen mit.
Einfach eine Handvoll dazu ... das Kernige zum Draufbeißen liebe ich. ☺*

vom Zucker nur eine Prise für den Geschmack. Alternativ zum Zucker kannst du einen kleinen Löffel voll Apfelmus dazugeben – das bringt noch etwas Fruchtigkeit! Wasser ist übrigens nicht nötig bzw. es macht den Salat schneller labbrig. Frische Kräuter immer erst zum Schluss unter den Salat mischen.
Alle Dressing-Rezepte sind für 2 Personen gedacht.

Richtwert Mischungsverhältnis:

1 Teil Essig und 2–3 Teile Öl, z.B. 2 EL Essig und 4 EL Öl für 2 Portionen Salat.

Kürbiskernöldressing

Zutaten: · 4 EL Kürbiskernöl
· 2 EL Apfelessig
· 1 Handvoll fein gehackte Zwiebel
· ½ TL Salz
· 1 gestr. TL Zucker

Knobidressing

Zutaten: · 2 EL Apfelessig
· 4 EL Rapsöl
· 1 Knoblauchzehe, durchgepresst
· ½ TL Salz
· 1 gestr. TL Zucker

Wenn du noch 2–3 TL Senf dazugibst, bekommst du ein leckeres Senfdressing!

Walnussdressing

Zutaten: · 2 EL Apfelessig
· 4 EL Walnussöl
· 4 EL gehackte Walnüsse
· evtl. etwas Zwiebel oder Knoblauch, fein gehackt
· ½ TL Salz
· 1 gestr. TL Zucker

Mohndressing

Zutaten: · 2 EL Apfelessig
· 4 EL Raps- oder Mohnöl
· 1–2 EL geriebener Mohn
· 1 Knoblauchzehe, durchgepresst
· ½ TL Salz
· 1 gestr. TL Zucker

Statt Mohn und Knobi kannst du auch 3–4 pürierte Erdbeeren nehmen – super Sommerdressing!

Dressing mit getrockneten Tomaten

Zutaten: · 2 getrocknete Tomaten aus dem Glas
· einige Blättchen Basilikum
· 2 EL Apfelessig
· 4 EL Rapsöl
· evtl. 1 Knoblauchzehe, durchgepresst
· ½ TL Salz
· 1 gestr. TL Zucker
· am besten alles zusammen pürieren – sonst ganz fein hacken.

Statt der Tomaten kannst du auch 2–3 EL Kräuter verwenden und hast ein tolles Kräuterdressing.

Cremiges Linsendressing

Zutaten: · 2 EL gekochte Linsen
· 4 EL Rapsöl
· 2 EL Apfelessig
· evtl. 1 Knoblauchzehe, durchgepresst
· ½ TL Salz
· 1 gestr. TL Zucker

Apfeldressing

Zutaten: · 4 EL Rapsöl
· 2 EL Essig
· Apfelsaft nach Geschmack
· 1 TL Senf
· 1 gestr. TL Zucker
· 3 EL Petersilie
· ½ TL Salz

Kräuteressig und -öl selbst gemacht

Kräuteröl

Für eine 500-ml-Flasche

Zutaten: · 1 frischen Kräuterzweig
(z.B. Oregano, Thymian, Basilikum oder Rosmarin)
· 1 Knoblauchzehe, geschält und leicht angedrückt
· etwa 500 ml hochwertiges Öl (z.B. Rapsöl)

Gib den Kräuterzweig und die Knoblauchzehe in eine saubere Flasche und gieße alles mit Öl auf. Verschließen und für 4–6 Wochen an einem kühlen und dunklen Ort durchziehen lassen. Gehe sicher, dass kein Tröpfchen Wasser in dein Öl gelangt!

Kräuteressig

Für eine 500-ml-Flasche

Zutaten: · etwa 0,5 Liter Apfelessig
· 1 frischer Kräuterzweig deiner Wahl
· 1 Knoblauchzehe, geschält und leicht angedrückt

Die Zubereitung ist die gleiche wie beim Öl. Der Essig muss allerdings nur 2–4 Wochen durchziehen.

Mein Tipp

Probier' doch auch mal ausgefallenere Methoden, Essig zu aromatisieren: vielleicht mit Holunderblüten, Rosenblüten oder Himbeeren?

Grundrezepte mit Obst und Gemüse

Marmelade

Für etwa 5–7 kleinere Gläser

Zutaten: · 1 kg entsteinte und geputzte Früchte deiner Wahl
· ½ Kilo Gelierzucker 2:1

Am praktischsten sind Schraubgläser. Zum Sterilisieren wäschst du Gläser und Deckel gründlich und stellst sie auf ein Backblech. Im vorgeheizten Backofen bei 110 °C 10 Minuten erhitzen. Am besten dann noch abkühlen lassen und Gläser und Deckel dann möglichst nur noch außen berühren.

Jetzt Früchte waschen, eventuell entkernen, etwas klein schneiden und in einen Topf geben. Bei mittlerer Stufe erhitzen und immer wieder rühren, damit nichts ansetzt – binnen kürzester Zeit erhältst du eine relativ flüssige Fruchtmasse. Bei eher wasserarmen Früchten wie Äpfeln gib einfach ein paar Esslöffel Wasser dazu! Püriere die Früchte mit dem Stabmixer oder einem Passiersieb und schütte den Zucker dazu. Gut rühren und wieder aufkochen lassen. Wenn sich der Zucker ganz aufgelöst hat und die Masse 5 Minuten köchelt, kannst du die Gelierprobe machen. Dafür gibst du mit einem Löffel einen Klecks der heißen Masse auf einen kalten Teller. Wenn der Klecks ausgekühlt ist, sollte er relativ fest sein – so fest, dass dir die Marmelade später nicht vom Brot tropft. Wenn das nicht der Fall ist, koche noch etwas länger und probiere es kurz darauf noch einmal.

Fülle die Marmelade noch heiß in die Gläser. Sofort verschließen und die Gläser für einige Minuten auf den Deckel stellen, damit dieser durch die heiße Masse nochmals sterilisiert wird. Danach wieder umdrehen und abkühlen lassen.

Mein Tipp

Damit der Deckel beim Zudrehen perfekt im Gewinde liegt, drehe ihn erst mal nach links bis er „einrastet" und drehe ihn dann erst nach rechts ganz fest zu. Irgendwie schaffte ich es nämlich manchmal, Deckel schief aufzulegen – Omas Tipp sei Dank weiß ich jetzt, wie mir das nicht mehr passiert!

Für das Einfüllen von Marmeladen lohnt sich übrigens ein extra Trichter mit großem Loch unten – das spart extrem viel Nerven und Kleckerei.
Et voilà! So gekocht halten sich Marmeladen mindestens ein Jahr – obwohl ich auch schon zehn Jahre alte Marmeladen gekostet habe, die noch einwandfrei waren …

Selbst gemachte Suppenwürze
Für 3–4 Gläser
Zutaten:
- 4–5 große Karotten
- 1 große Sellerieknolle
- 1 Bund Petersilie
- 4 Knoblauchzehen
- 1 Stange Lauch
- reichlich Salz

Zerkleinere das Gemüse so gut wie möglich – am besten mit einer Küchenreibe ganz fein raspeln. Zwiebel, Lauch und Petersilie kannst du entweder mixen oder durch den Fleischwolf drehen. Nun mische alles im Verhältnis: 3 Teile Gemüse und 1 Teil Salz. In saubere, sterilisierte Gläser füllen und kühl lagern. Durch das Salz hält es sich etwa ein Jahr. Allerdings beginnt das Gemüse nach einiger Zeit leicht zu gären (wie bei der Sauerkrautherstellung). Das schmeckt man aber in der Suppe nicht. Wenn es dir lieber ist, kannst du das Gemüse auch trocknen und es dann ohne Salz lagern. Wobei es keinen „gesundheitlichen" Vorteil hat, die Würze ohne Salz herzustellen, wenn man dann in die Suppe ohnehin Salz gibt.

Tomatensoße

Für 4–5 Gläser

Zutaten: · 2 kg Tomaten
· Salz
· optional: Basilikum, Oregano und
andere Kräuter deiner Wahl

Tomatensoße einmachen ist ganz einfach: Du würfelst einfach die Tomaten und erhitzt sie in einem Topf mit einer Prise Salz. Bald kannst du die Tomaten pürieren – oder sie stückig lassen. Gib noch Salz nach Geschmack dazu und, wenn du magst, auch Kräuter. Fülle die kochend heiße Soße in die sauberen, sterilisierten Gläser (siehe „Grundrezept Marmelade", Seite 24) ab und schraub sie sofort zu. Kühl und dunkel gelagert hält sich die Soße mindestens ein Jahr. Die Soße ist viel flüssiger als die gekaufte! Wer das nicht mag, kann sie so lange köcheln lassen, bis das meiste Wasser verdampft ist. Ich halte die Kochzeit lieber kurz. Bisher hat die Flüssigkeit in keinem Gericht gestört. Vor allem, wenn man die Soße in einem Pfannengericht mitkocht, verdampft dabei Wasser und sie wird automatisch dicker!

Wenn du wie wir gerne Tomatensoße verwendest, ist diese überaus einfache Soße perfekt! Zur Tomatensaison sind die aromatischen und reifen Früchte natürlich auch günstiger. Und die Soße schmeckt viel besser als gekaufte.

Selbst gemachte Sojamilch

Für etwa einen Liter

Zutaten: · 2 Handvoll geschälte Sojabohnen
· Wasser

Weiche die Bohnen über Nacht ein. Am nächsten Morgen gießt du das Einweichwasser ab und pürierst die Bohnen mit Wasser bedeckt im Mixer fein. Gib alles in einen Topf und gieße so viel Wasser dazu, dass sich am Ende etwa 1 Teil Sojabohnen und 3–5 Teile Wasser darin befinden. Ich nehme am Anfang lieber weniger Wasser, damit die Sojamilch nicht unabsichtlich zu wässrig wird. Theoretisch kannst du sie mit Wasser erst zum Schluss in die gewünschte Konsistenz bringen. Eine reine Geschmacksfrage, wie dick oder wässrig man sie mag. Jetzt wird die Mischung 20 Minuten gekocht – am besten in einem hohen Topf und unter Aufsicht, da es sehr schäumen kann. Danach schüttest du alles in ein mit einem Geschirrtuch ausgelegtes Sieb. Drück den etwas abgekühlten Presskuchen gut aus. Mit diesem sogenannten „Okara" lassen sich leckere Sachen zaubern: z. B. „Okara-Radieschen-Pfanne", Seite 42). Die Sojamilch eventuell nochmal aufkochen und heiß in eine saubere Glasflasche füllen. Sie sollte im Kühlschrank ein paar Tage halten. Allerdings ist sie schlechter haltbar als gekaufte Sojamilch.

Mein Tipp

Wenn du Sojageschmack nicht besonders magst, kauf besser geschälte Sojabohnen. Die Hülsen der Bohnen enthalten Bitterstoffe, die diesen sehr aufdringlichen „Sojageschmack" hervorrufen. Solltest du nirgends geschälte Sojabohnen bekommen, kannst du bei den eingeweichten Bohnen die Häute abziehen.

Hinweise zu den folgenden Rezepten

- Bei jedem Rezept findest du eine Angabe zu den Mengen, die meisten sind für 2 Personen gedacht. Das sind meine persönlichen Erfahrungswerte, die natürlich bei dir anders aussehen können. Fast alle Mengenangaben kannst du problemlos auf mehr oder weniger Esser umrechnen.
- Häufig werden Grundrezepte verwendet. Im Rezeptteil wird dann immer auf die Seite verwiesen, auf der du das entsprechende Grundrezept findest. Daher werden die Grundrezepte im folgenden Rezeptteil nicht noch einmal ausführlich beschrieben.
- Die Backzeiten und -temperaturen beziehen sich auf einen Herd mit Ober- und Unterhitze – und können bei deinem Herd abweichen. Falls Umlufthitze verwendet wird, steht das im Rezept. Heize den Ofen stets vor.
- Kräuter, Sprossen, Obst und Gemüse müssen gewaschen und oft auch geputzt werden. Da dies eigentlich selbstverständlich ist, wird es nicht eigens in den Rezepten erwähnt. Kartoffeln und Karotten verwende ich meist ungeschält. Ausnahmen und besondere Arbeitsschritte werden natürlich beschrieben.
- Für meine Rezepte verwende ich das in Österreich so genannte „Universalmehl". Das ist ein weißes Mehl mit einem relativ hohen Ausmahlungsgrad und entspricht etwa dem Mehl Type 405 oder 550.
- Zum Abmessen der Mengen verwende ich am liebsten eine Tasse, in die genau 250 ml Flüssigkeit passen.

Frühling

Aufmunternde Vogelgesänge erfüllen die Luft und das junge Grün will aus allen Knospen platzen. Summende Insekten laben sich an den ersten Frühblühern und wir haben wieder dieses Kribbeln im Bauch. Jetzt spenden uns auch die ersten jungen Blätter und Blüten neue Energie – warum sich also nicht an dem bedienen, was Wald und Wiese hergeben?

Selleriesalat

Zutaten:
- 1 Knolle Sellerie
- 1 Bund Hirtentäschel
- 1 Portion Lieblingsdressing (Seite 23)

Den Sellerie schälen und grob raspeln. Zupfe die hübschen herzförmigen Schötchen vom Hirtentäschel ab und gib sie zusammen mit den Raspeln in eine Salatschüssel. Die Stängel und Blüten, falls schon welche drauf sind, kannst du noch fein hacken und ebenfalls zum Salat geben. Hebe dein Lieblingsdressing unter – und Mahlzeit!

Kerniger Vogerlsalat

Zutaten:
- je 1 kleine Handvoll Sonnenblumenkerne, Kürbiskerne und Walnusskerne
- Salz
- 4–5 große Handvoll Vogerlsalat (Feldsalat)
- 1 Portion Kürbiskernöldressing (Seite 23)

Die Sämereien und Nüsse in einer trockenen Pfanne rösten und etwas salzen (Achtung, die Kerne werden schnell schwarz!). Den Salat mit Kürbis-kernöldressing anmachen und die gerösteten Nüsse darüberstreuen. Mhhm!

Salate auf der Fensterbank

Schnecken, die Salate wegfuttern? Da können Salate, die munter auf der Fensterbank gedeihen, nur lachen! Die bunte Vielfalt an Pflücksalaten ist hier eine gute Wahl. Oder probiere mal die nussig-mildscharfen Asiasalate – eine Delikatesse! Zudem sind sie einfach zu ziehen und beeindrucken nicht nur Gäste.

Selleriesalat mochte ich früher nie so gerne.
Heute weiß ich: Kein Wunder, er war ja in den
Restaurants immer aus der Dose.
Frisch ist er einfach eine Gaumenfreude!

Bunter Asia-Salatmix

Zutaten:
- 3 große Hände voll gemischte Asia-Salatblätter (Babyleaves)
- 1 große Karotte
- 1 Portion Lieblingsdressing (z. B. Senfdressing, Seite 23)

Für 2 Personen
als Vorspeise
Aromatisch

Die Asia-Salatblätter unzerkleinert in eine Salatschüssel geben. Die Karotte grob darüberreiben. Alles mit deinem Lieblingsdressing mischen. Da die Asia-Salate auch Senföle enthalten, passt ein Senfdressing natürlich super dazu!

Asia-Salat ist mein absolutes Lieblings-Grünzeug für Salat, da hält kein anderer Salat mit. Die Nussigkeit in Kombination mit den Senfölen ist einfach das Leckerste, was ich mir vorstellen kann. ☺ Leider sind Asia-Salate am Markt selten erhältlich – da hilft nur selbst anbauen.

Cremiger Spargelsalat

Zutaten:
- etwa 500 g Spargel (weiß oder grün)
- etwa 3 Scheiben Brot (können auch altbacken sein)
- etwas Öl
- Salz
- 1 Portion Linsendressing (Seite 23)

Für 2 Personen
als Vorspeise
Etwas
Besonderes

Den weißen Spargel schälen, holzige Enden vom Spargel abschneiden. Schneide den Spargel dann in mundgerechte Stücke und dämpfe ihn gar. Inzwischen schneidest du das Brot in kleine Würfel und röstest sie in etwas Öl in einer Pfanne, bis sie kross und goldbraun sind. Du kannst sie auch gleich ein bisschen salzen.
Bereite nun das Dressing zu und mische es mit dem noch warmen Spargel. Croûtons darauf verteilen und losknuspern!

Frühling

Karotten-Giersch-Salat

Für 2 Personen
als Beilage
Wildkräuter-
power!

Zutaten:
- 3 Karotten
- 2 Äpfel
- 5 Handvoll Giersch
- 1 Portion Lieblingsdressing (Seite 23)

Die Karotten und die Äpfel kannst du raspeln und den Giersch etwas klein hacken. Gib alles in eine Salatschüssel, hebe ein leckeres Dressing unter und genieße die grüne Frühlingsenergie!

Alternativ zu Giersch passt natürlich auch jedes andere Grünzeug, beispielsweise Vogerlsalat oder Rucola.

Warmer Karottensalat

Für 2 Personen
als Vorspeise
Zergeht wie Butter
auf der Zunge

Zutaten:
- 8 Karotten
- 2 Zwiebeln
- etwas Öl
- 1 Handvoll Sonnenblumenkerne
- 1 Portion Senfdressing (Seite 23)

Die Karotten schneidest du in fingerdicke, etwa 5 cm lange Stücke. Dämpfe sie in einem Siebeinsatz, bis sie gar, aber noch gut bissfest sind. Inzwischen die Zwiebeln in Streifen schneiden und im heißen Öl in einer Pfanne anbraten. Sie sollen durch und süß, aber auch noch knackig sein. Die Sonnenblumenkerne röstest du in einer trockenen Pfanne. Mische das Dressing in einer Salatschüssel mit den noch warmen Zutaten.

Diesen warmen Karottensalat hab ich zum ersten Mal bei Michaels Mama Sabine gegessen. Auf die Idee wäre ich nie gekommen – obwohl sie eigentlich naheliegend ist, da warmer Rote-Bete-Salat ja auch total lecker schmeckt. ☺

Gemüsesuppe mit Nockerln

Zutaten:
- 1 Zwiebel, fein gehackt
- etwas Öl
- 2 Handvoll Suppengemüse (Sellerie, Karotte, Pastinake, Petersilienwurzel, Petersilie)
- Suppenwürze (Seite 25)
- 1 Grundrezept Nockerlteig (Seite 21)
- 1–2 Handvoll Bärlauch

Für 2 Personen
Klassisch

Die Zwiebel in etwas heißem Öl in einem Topf anschwitzen. Inzwischen das Suppengemüse in grobe Stücke schneiden und dazugeben. Mit Wasser aufgießen (etwa 3 Tassen oder mehr, je nach Belieben). Zugedeckt zusammen mit etwas Suppenwürze köcheln lassen.
Inzwischen kannst du die Bärlauchnockerl machen. Den Bärlauch rührst du entweder ganz fein geschnitten unter den Teig oder du pürierst ihn im Wasser für den Nockerlteig. Die Nockerl in siedendem Wasser ziehen lassen, bis sie oben schwimmen. Gemüsesuppe mit Suppenwürze abschmecken und mit den Nockerln servieren.

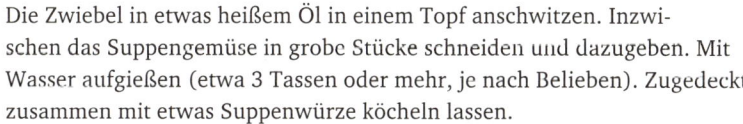

Pilzcremesuppe

Zutaten:
- 2 mehligkochend Kartoffeln
- 1 Tasse Pilze (z. B. Champignons)
- etwas Öl
- ½ Zwiebel
- Suppenwürze (Seite 25)
- Salz
- etwas fein gehackter Knoblauch
- dein Lieblingsöl zum Verfeinern
- gehackte Petersilie zum Bestreuen

Für 2 Personen
Für Pilzfans!

Schneide die Kartoffeln und die Hälfte der Pilze klein und koche sie mit etwa 2 Tassen Wasser bedeckt weich. Schneide inzwischen die restlichen Pilze in Scheiben und brate sie in heißem Öl an. Wenn die Kartoffeln gar sind, püriere die Suppe und schmecke sie mit Suppenwürze, Salz und Knoblauch ab. Die fertige Suppe servierst du mit Pilzen bestreut. Stelle dein Lieblingsöl zum Verfeinern auf den Tisch. Frisch gehackte Petersilie drübersteuen, fertig. ☺

Frühling

Brennnessel-Cremesuppe

Für 2 Personen
als Vorspeise
Einfach und
eiweißreich

Zutaten:
- 3 Handvoll Brennnesselblätter
- 1 Zwiebel
- 2 mehligkochend Kartoffeln
- etwas Öl
- Suppenwürze (Seite 25)
- evtl. 1 Knoblauchzehe

Die Brennnesselblätter grob hacken. Zwiebel und Kartoffeln klein würfeln und in etwas Öl anbraten. Mit Wasser aufgießen, die Brennnesselblätter und etwas Suppenwürze dazugeben. Zugedeckt köcheln lassen, bis die Kartoffeln weich sind (etwa 10 Minuten). Nun pürierst du die Suppe und würzt sie nach Geschmack mit etwas Suppenwürze nach. Wenn du magst, presse noch Knoblauch hinein. Guten Appetit!

Linsensuppe mit Frühlings-zwiebeln

Für 2 Personen
als Vorspeise
Deftig!

Zutaten:
- 1 Tasse Linsen
- 1 Bund Frühlingszwiebeln
- etwas Öl
- Suppenwürze (Seite 25)
- Schnittlauchröllchen

Die Linsen weichst du am besten über Nacht in kaltem Wasser ein. Am nächsten Tag die Zwiebeln samt grüner Stängel fein schneiden und in etwas heißem Öl anschwitzen. Linsen dazugeben und mit so viel Wasser aufgießen, dass alles bedeckt ist. Etwas Suppenwürze zufügen und alles zugedeckt köcheln, bis die Linsen weich sind. Wenn du möchtest, kannst du die fertige Suppe ganz oder nur zum Teil pürieren. Serviere die Suppe mit ein paar Schnittlauchröllchen bestreut.

Mhm, deftig – und somit genau richtig für noch so manchen kühlen Frühlingstag!

Kartoffeln kommen bei mir ungeschält in Suppen und Eintöpfe. So bleiben mehr gesunde Vitamine erhalten und ich spare mir die Arbeit des Schälens. Natürlich wird die Schale gut geschrubbt. Grünlich gefärbte Stellen schneide ich allerdings immer weg, sie enthalten giftiges Solanin.

Mein Tipp

Probier' doch auch mal
jungen Spinat auf die
Pizza. Oder wie wäre es
mit Radieschenscheiben?
Das schmeckt wirklich
überraschend gut!

Flower-Power-Pizza

Zutaten:
- 1 Glas Tomatensoße (Seite 26)
- 1 Grundrezept für Käsesoße (Seite 21)
- 1 Grundrezept für Pizzateig (Seite 19)
- 1 Stange Lauch
- 2–3 Stangen grüner Spargel
- 2 Handvoll Champignons
- eine Handvoll frische Erbsen
- 1 EL Öl
- Salz
- 1 Knoblauchzehe (nach Geschmack), durchgepresst
- eine Handvoll Blüten der Saison (z. B. Löwenzahn, Margeriten, Rotklee)

Für 2 Personen
Bunte Leckerei

Koche die Tomatensoße und die Käsesoße. Bereite den Pizzateig zu und rolle ihn auf die gewünschte Dicke aus. Den Lauch schneidest du in Ringe, den Spargel in Stücke und die Champignons in Scheiben. Gib das Gemüse in eine Schüssel und mische es mit Öl, etwas Salz und Knoblauch.
Verteile die Tomatensoße auf der Pizza, streue das Gemüse darüber und verstreiche die Käsesoße auf dem Gemüse. Nun die Pizza bei 220 °C etwa 20–25 Minuten im vorgeheizten Ofen backen, bis die Käsesoße goldbraun wird (eventuell den Grill kurz einschalten).
Zum Schluss bunte Blüten wie Löwenzahn, Margeriten oder Rotklee über die noch heiße Pizza streuen und servieren. Mahlzeit!

Kapuzinerkresse – das Auge isst mit

Eine leckere Salatzugabe und ein wunderhübscher Blickfang zugleich: Ziehe doch mal Kapuzinerkresse auf dem Balkon. Auch im Blumenkasten am Fenster ist sie sehr schön – vor allem, wenn du eine rankende Sorte wählst.

Frühling

Okara-Radieschen-Pfanne

Für 2 Personen
Ungewöhnlich
und lecker

Zutaten:
- 1 große Zwiebel
- 2 Karotten
- 1 Bund Radieschen
- 2–3 Tassen Okara (siehe Grundrezept Sojamilch, Seite 26)
- etwas Öl
- 1 Handvoll Weißkraut
- 1 Tasse Tomatensoße (Grundrezept Seite 26)
- Salz
- Kräuter, z. B. Oregano, zum Bestreuen

Schneide die Zwiebel, die Karotten und Radieschen klein. Lege sie erst mal beiseite und brate das Okara in heißem Öl an. Anschließend das Gemüse und die Tomatensoße dazugeben und weiterbraten, bis das Gemüse gar ist. Zum Schluss mit Salz abschmecken und mit Kräutern bestreuen.

Passt zu einer deftigen Jause mit knusprigem Brot!

Spargel im Schlafrock

Für 2 Personen
Mal was Edles

Zutaten:
- 1 Grundrezept für Pfannkuchenteig (Seite 18)
- 1 Grundrezept für Käsesoße (Seite 21)
- etwas Öl zum Braten
- 6 Stangen grüner oder weißer Spargel

Bereite den Pfannkuchenteig und die Käsesoße zu und backe die Pfannkuchen im heißen Öl. Nun den Spargel waschen, weißen Spargel schälen und in ganze oder halbierte Pfannkuchen wickeln – je nach Länge des Spargels. Es sieht nett aus, wenn die Spargelstangen noch etwas aus dem Teig herausgucken. Lege die Päckchen auf ein mit Backpapier belegtes Backblech und gieße die Käsesoße darüber. Nun überbäckst du das Ganze bei etwa 220 °C im Backofen, bis die Soße knusprig und leicht gebräunt ist.

Mein Tipp

Probier dazu doch auch mal anderes glasiertes Gemüse. Wie wäre es mit Weißkraut, kugelrunden Radieschen oder Frühlingszwiebeln?

Sooowas Gutes! Ich finde, dass angebratene Polenta was von gebratenem Eiweiß hat – auch wenn da nicht jeder derselben Meinung ist wie ich. ☺ In der Kombination mit Brennnesseln verstärkt sich das noch – auf jeden Fall schmeckt's lecker.

Wildkräuterpolenta mit glasierten Karotten

Für die Polenta:
- 1 Tasse Polentamais
- 1 gestr. TL Salz
- 1 Handvoll Kräuter (z.B. Brennnesseln), fein gehackt
- 1 Handvoll Kürbiskerne, gehackt
- etwas Öl

Für die Karotten:
- 10 kleine Karotten
- etwas Öl
- 1 EL Zucker
- Salz
- Schnittlauchröllchen zum Bestreuen

Für 2 Personen
Schmackhaft
und einfach

Die Polenta mit 2 Tassen Wasser, Salz und Kräutern aufkochen und auf kleiner Flamme ausquellen lassen. Zum Schluss die Kürbiskerne unterrühren. Streiche die Polentamasse etwa 1 cm dick auf ein geöltes Backblech und lass' sie etwas auskühlen, bis sie schön schnittfest ist. Dann kannst du sie in Stücke schneiden und in Öl anbraten – das machst du am besten, während die Karotten garen.

Die Karotten putzen und waschen. Dann gibst du die ganzen Karotten in eine Pfanne mit erhitztem Öl. Brate sie leicht an und lösche mit wenig Wasser ab – Deckel drauf und garen. Eventuell musst du öfter noch etwas Wasser dazugeben.

Wenn die Karotten knapp gar sind (nach etwa 15 Minuten) gib den Zucker in die Pfanne und lass' ihn schmelzen. Schwenke die Karotten gut im Zucker, gib eventuell noch einen Schluck Wasser dazu und lass' sie darin noch kurz bei mittlerer Hitze garen. Serviere sie zusammen mit der Polenta mit Schnittlauch bestreut. Lecker!

Wurzelgemüse in Sand lagern

Pastinaken und Karotten bleiben bei uns 9 Monate frisch, wenn wir sie ungewaschen in feuchten Sand eingraben. Nimm einfach eine Holzkiste und gib schichtweise feuchten Sand und das Wurzelgemüse hinein. Kühl lagern.

Frühling

Frühlingsrollen

Für 10–12 Stück
Asiatisch

Zutaten:
- 1 Grundrezept für Universalteig (Seite 17)
- 2 Karotten, in Streifen geschnitten
- 2 Handvoll Weißkraut, in Streifen geschnitten
- 2 Handvoll Lauch, in dünne Ringe geschnitten
- 2 Handvoll Brennnesseln, fein gehackt
- 2 Knoblauchzehen, fein gehackt
- etwas Öl
- Salz

Erst den Teig nach Grundrezept kneten und beiseite stellen. Mische das Gemüse und den Knoblauch in einer Schüssel mit Öl und Salz nach Geschmack. Rolle den Teig etwa 2 mm dünn aus und schneide ihn in gleich große Teile. Mit dem Gemüse füllen und Taschen oder Rollen formen. Backe die Frühlingsrollen bei 180 °C 20–30 Minuten im Backofen. Wenn du magst, bestreiche sie vorher mit etwas Öl.

Natürlich kannst du die Frühlingsrollen auch in Fett ausbacken!
Die Ofenvariante ist für mich einfach bequemer. ☺

Lauch-Pilz-Törtchen

Für 8 Stück
Deftige
Leckerei

Zutaten:
- ½ Grundrezept Hefeteig salzig (Seite 18)
- 1 Grundrezept Käsesoße (Seite 21)
- 2 Handvoll Champignons, in Würfelchen geschnitten
- 2 Handvoll Lauch, in dünne Ringe geschnitten
- 2 EL gekochte Rollgerste
- ½ TL Salz
- 2 EL Wildkräuter (z. B. Giersch)

Den Hefeteig und die Käsesoße nach Grundrezept zubereiten. Das Gemüse mit der Gerste und dem Salz in einer Schüssel mischen. Den Teig teilst du in 8 gleich große Teile und drückst sie in Muffinformen, sodass noch Platz ist, um das Gemüse darin zu verteilen. Zum Schluss kommt die Käsesoße drüber. Bei 200 °C im Backofen 20–30 Minuten backen. Mhhm!

Mein Tipp

Alternativ kannst du auch
Schnecken formen. Dazu
mischst du das Gemüse
einfach mit dem Käse,
streichst alles auf den
1 cm dünn ausgerollten
Teig und formst eine
Rolle. Schneide etwa
5 cm dicke Schnecken
davon ab und backe sie
wie oben beschrieben.

Frühling

Mein Tipp

Der Maultaschenteig darf
nicht zu dünn sein und
die Ränder müssen wirk-
lich gut angedrückt wer-
den, damit die Taschen
beim Kochen nicht auf-
reißen.

Sauerkraut-Pilz-Mohn-Maultaschen mit Brennnesselspinat

Für die Maultaschen:
- 1 Grundrezept für Nudelteig (Seite 17)
- 3 EL Mohn, gerieben
- 1 Zwiebel
- 2 Tassen Pilze (z. B. Champignons)
- 1 Tasse Sauerkraut
- Salz
- Öl

Für den Spinat:
- 1 große Zwiebel
- etwas Öl
- 4 große Handvoll Brennnesseln
- Salz
- 1–2 Knoblauchzehen, durchgepresst

Für 2 Personen
Ein lohnenswerter
Aufwand!

Bereite den Teig nach Grundrezept zu und mische zusätzlich den Mohn darunter. Nun würfelst du Pilze und Zwiebeln ganz fein, das Sauerkraut ebenfalls klein hacken. Mische das Gemüse und salze es nach Geschmack. Koche Wasser in einem großen Topf auf bereite die Maultaschen vor: Rolle den Teig dünn (3 mm) aus, schneide ihn in etwa gleich große Stücke und fülle die Maultaschen mit dem Gemüse. Verschließe die Ränder mit einer Gabel. Die Maultaschen sollen nun im Wasser sieden (nicht kochen) bis sie obenauf schwimmen. Anschließend in einer Pfanne mit etwas Öl noch knusprig anbraten.

Für den Brennnesselspinat die Zwiebel grob würfeln, in Öl anschwitzen und mit etwas Wasser ablöschen. Die Brennnesselblätter waschen, dazugeben, kurz mitdünsten und salzen. Falls nötig, noch etwas Wasser zugeben und dann pürieren. Mit Salz und Knoblauch abschmecken.

Vitaminpakete am Wegesrand

Wusstest du, dass Brennnesseln nicht nur lecker schmecken, sondern auch besonders wertvoll für die Ernährung sind? Sie enthalten wichtige Mineralstoffe, vor allem viel Eisen. Auch der Eiweißgehalt der Brennnessel ist beachtlich: fast 45 %! Und ihr Gehalt an Vitaminen übertrifft die meisten Salate erheblich. Und das für lau am Wegesrand. ☺

Frühling

Kressesüppchen

Für 2 Personen
Herrlich frisch!

Zutaten: • 4 mittelgroße, mehlige Kartoffeln
• 1 Zwiebel
• etwas Öl
• 2 Schalen Kresse
• 2 gestr. TL Salz

Kartoffeln und Zwiebel klein schneiden und in etwas heißem Öl in einem Topf anschwitzen. Mit 4 Tassen Wasser aufgießen und etwa 15 Minuten weich kochen lassen. Gib drei Viertel der Kresse zur Suppe und püriere sie. Mit Salz abschmecken und mit der restlichen Kresse bestreut servieren.

Lecker! Sollte dir der Kressegeschmack noch etwas zu intensiv oder scharf sein, lasse die Suppe noch kurz weiter köcheln.

Als Dessert zum Ostermenü passt der Nussstriezel (Seite 63) oder die Mohnnudeln (Seite 59), wenn's etwas Leichteres sein soll.

Brennnessel-Erbsen-Quiche

Zutaten:
- ½ Menge vom Grundrezept für salzigen Hefeteig (Seite 18)
- 1 große Zwiebel
- 2 Handvoll Brennnesselblätter
- 1–2 Knoblauchzehen
- 1 Handvoll Pilze
- 1 ½ Tassen Erbsen
- 1 Grundrezept für „Käse"soße (Seite 21)
- etwas Öl und Mehl für die Form

Für eine
große Springform
(28 cm Ø)
Cremig-lecker!

Bereite den Hefeteig nach Grundrezept vor und lasse ihn gehen. Inzwischen schneidest du Zwiebel, Brennnesselblätter, Pilze und Knoblauch klein und mischst alles mit den Erbsen. Koche nun die Käsesoße und rolle den Teig auf die Größe der Springform aus. Lege den Teig in die geölte und bemehlte Springform und ziehe einen etwa 1–2 cm hohen Rand hoch. Belege den Teig mit dem Gemüse und streue etwas Salz darüber. Nun noch die Käsesoße darauf verteilen und ab in den Ofen bei 180 °C. Etwa 30–40 Minuten backen, bis die Soße leicht gebräunt ist.

Knobi-Erbsen auf Brot

Für 2 Brote
Simpel und
lecker

Zutaten:
- 2 Handvoll Erbsen
- 1 Knoblauchzehe, durchgepresst
- etwa 1 EL Öl
- Salz
- 2 Scheiben Brot

Die Erbsen brätst du zusammen mit dem durchgepressten Knoblauch in Öl kurz an. Nach Geschmack salzen und noch warm auf die Brotscheiben verteilen. Eine kugelige Angelegenheit, die sich nur mit Teller und viel Geschick bewerkstelligen lässt. ☺

Apfel-Nuss-Brotbelag

Für 1
kleine Schale

Fruchtige
Kombination

Zutaten:
- 1 Apfel
- 1 Zwiebel
- 1 Handvoll Haselnüsse
- etwas Öl zum Braten
- 1 Schuss Essig oder Wasser
- Salz
- Paprikapulver

Den Apfel und die Zwiebel schälen und beide klein schneiden. Hacke die Haselnüsse und röste sie in einer trockenen Pfanne vorsichtig an. Leg' sie beiseite und schwitze die Zwiebel und den Apfel in etwas heißem Öl in der Pfanne an. Mit einem Schuss Essig ablöschen und die Nüsse dazugeben. Salze alles nach Geschmack und gib etwas Paprikapulver dazu. Du kannst den Aufstrich mit einem Pürierstab pürieren oder stückig lassen – beides ist lecker.
Guten Appetit!

Frühling

54

Mein Tipp

Gib' weitere Zutaten
wie Salz oder geriebene
Nüsse lieber erst beim
Essen dazu. Das reine Öl
ist besser geeignet, um
die Kräuter haltbar zu
machen. So sollte es sich,
kühl und dunkel gelagert,
etwa ein Jahr halten.

Wildkräuterpesto

Zutaten: • Eine große Schüssel deiner Lieblingswildkräuter
(es eignen sich super: Brennnessel, Bärlauch, junger
Löwenzahn, Gänseblümchen, Dost, Vogelmiere)
• fein gehackter Knoblauch, so viel du magst (vor allem,
falls die Kräuter wenig Eigenaroma haben)
• Sonnenblumenöl

Für ein paar
kleine Gläser
Pesto fast
umsonst!

Wasche deine Kräuter und schneide sie etwas klein. Nun immer eine
Handvoll Kräuter und etwas gehackten Knoblauch in den Mixer geben
und Öl darübergießen. Verarbeite erst einmal lieber nur kleine Mengen,
nur wenige Mixer schaffen einen vollen Behälter Kräuter mit Öl. Wenn
das Pesto geschmeidig und homogen ist (obwohl es auch nichts ausmacht,
wenn es sehr „stückig" ist!), in gut sterilisierte Gläser füllen.

Toast mit Knobiaroma

Zutaten: • 2 Knoblauchzehen, durchgepresst
• etwa 3 EL Öl
• 4 Brot- oder Toastbrotscheiben
• Salz
• frische Kräuter zum Bestreuen

Für 2 Personen
Soforthilfe
gegen Vampire

Mische die Knoblauchzehen mit dem Öl. Bestreiche die Brote mit der
Knobi-Öl-Mischung und backe sie bei etwa 220 °C im vorgeheizten
Backofen, bis sie goldbraun sind. Salze die Brote etwas und streue Kräuter
darüber.

*Für mich ist das Brot der ideale Begleiter zum Salat,
wenn`s dazu mal etwas Kross-Aromatisches sein darf.*

Frühling

Reisebrot

Für 1 Laib Brot
Super zum
Mitnehmen

Zutaten: • 1 Grundrezept für salzigen Hefeteig (Seite 18)
• etwas Öl für den Teig und die Backform
• etwas Mehl für die Backform

Bereite den Teig nach Grundrezept zu. Den gegangenen Hefeteig teilst du in aprikosengroße Kügelchen und tauchst sie in Öl. Schichte sie nun Kugel für Kugel nebeneinander in eine geölte und bemehlte Backform (z. B. eine Springform).
Die Kugeln sollen eher fest aneinander gepresst sein, damit sie zusammenhalten. Sie sollen sich durch das Öl zwar nach dem Backen leicht voneinander lösen lassen, aber das Brot soll nicht von alleine auseinanderfallen.
Backe das Brot etwa 40–50 Minuten im auf 180 °C vorgeheizten Backofen und mach dann die Klopfprobe: Es ist durchgebacken, wenn es beim Klopfen hohl klingt.

Ein praktisches Brot für unterwegs, von dem man sich immer wieder ein Stück abzupfen kann. Durch das Öl wird es schön braun und durch die vielen kleinen Bällchen gibt es viel knusprige Kruste. Mhhm!

Wusstest du, dass

… die Wildformen von Karotten und Pastinaken bei uns heimisch sind und du sie noch immer als Wildkräuter finden kannst? Ihre Wurzeln sind natürlich viel dünner, weiß und sehr intensiv bis leicht scharf im Geschmack – probier sie doch mal angebraten oder mitgekocht in einer Gemüsesuppe.

Mein Tipp

Das Brot kannst du mit fein gehacktem Knoblauch verfeinern, den du zwischen den Bällchen verteilst, oder indem du Sämereien wie Mohn, Sonnenblumenkerne oder Leinsamen oben drauf streust. Genial finde ich auch die Variante, die Bällchen mit Pizzabelag zu füllen.

Mohnnudeln

Zutaten: • 1 Grundrezept für Nudeln (Seite 17)
• etwas Mehl
• Salz
• 2 EL neutrales oder eher süßlich-nussiges Öl
  (z. B. Mohn- oder Haselnussöl)
• 1 Tasse Mohn, gerieben
• etwa ½ Tasse Staubzucker, Menge nach Geschmack
• Salz
• evtl. etwas Zwetschgenmarmelade oder
  eine andere Sorte nach Wahl

Für 2 Personen
Traditionell und
sehr lecker

Bereite den Nudelteig nach Grundrezept zu und forme fingerdicke „Würstchen" daraus. Diese gut bemehlen und auf einer noch besser bemehlten Fläche bereit legen. Koche die Nudeln in leicht gesalzenem Wasser, bis sie oben schwimmen. Die Nudeln abseihen, zurück in den Topf geben und mit Öl, Mohn und Staubzucker mischen. Fertig! Wenn du's gerne fruchtig magst, dippe die Nudeln noch in Marmelade!

Marmeladen-Tascherl

Zutaten: • 1 Grundrezept für süßen Hefeteig (Seite 19)
• etwa 8 EL deiner Lieblingsmarmelade (Seite 24)
• Puderzucker zum Bestreuen

Für 6–8 Stück
Ganz easy

Bereite den Teig nach Grundrezept zu, knete ihn nochmal durch und rolle ihn zu einer Teigplatte von etwa 0,5 cm Dicke aus. Schneide den Teig in möglichst quadratische Stücke und gib je einen Klecks der Marmelade in die Mitte. Falte die Ecken zur Mitte und versuche sie miteinander zu verzwirbeln, damit sie zusammenkleben (eventuell noch je ein Teigkugerl auf die Mitte legen, damit sich die Taschen beim Backen nicht öffnen). Mit etwas Öl bestreichen und im vorgeheizten Backofen etwa 15–20 Minuten bei 180 °C backen, bis sie leicht goldbraun aussehen. Mit Puderzucker bestreut servieren.

Frühling

Fruchtkugeln

Für 2 Nasch-
katzen

Ohne
Zuckerzusatz

Zutaten: • ½ Tasse Rosinen
• evtl. ¼ kleiner Apfel
• ¾ Tasse geriebene Nüsse plus 1 Handvoll zum Wälzen
• ⅓ Tasse feine Haferflocken

Weiche die Rosinen in ¼ Tasse warmem Wasser ein, bis sie deutlich weicher geworden sind. Nun gießt du das Wasser ab – fange es auf, da du es eventuell später noch brauchst, falls die Fruchtkugelmasse zu fest wird. Jage die Rosinen zusammen mit dem Apfel durch den Fleischwolf. Die Masse mit Nüssen und Haferflocken verkneten und etwa mirabellengroße Kugeln daraus formen. Die Kugeln wälzt du in geriebenen Nüssen und lässt sie dann noch ein bisschen an der Luft trocknen.

Den Apfel kannst du auch weglassen, wenn es dein Fleischwolf oder Mixer schafft, die puren Trockenfrüchte zu zerkleinern. Diese Kugeln werden bei mir immer ein wenig anders – je nach Lust und Laune! Experimentiere doch auch mal mit anderen Trockenfrüchten oder wälze die Kugeln in Mohn oder getrockneter Minze. Mhhm!

Verwandte Frühlingspflanzen

Wusstest du, dass Maiglöckchen und Spargel beide der botanischen Familie der Spargelgewächse angehören? Das klang für mich zunächst etwas unwahrscheinlich. Aber schau dir mal die Fruchtstände beider Pflanzen an, dann wird es einleuchtender: Beide tragen dann nämlich kleine rote, runde Früchte!

Mein Tipp

Ist die Masse für die Fruchtkugeln zu feucht: Mit Haferflocken kannst du überschüssige Flüssigkeit binden. Ist sie dagegen zu trocken, hilft die Zugabe von etwas (Einweich-)Wasser oder Apfelmus.

Mein Tipp

Hast du keine Marme-
lade im Haus, erhöhe ein-
fach nach und nach die
Zuckermenge, bis du die
gewünschte Süße gefun-
den hast.

Nussstriezel

- 1 Grundrezept für süßen Hefeteig (Seite 19)

Für die Füllung:
- 2 Tassen gemahlene Haselnüsse
- ½ Tasse Zucker
- 100 g Aprikosenmarmelade
- 1 Prise Salz
- evtl. einen Schuss Rum
- evtl. 1 Apfel, in kleine Stücke geschnitten
- etwas Öl zum Bestreichen

Für die Glasur:
- ⅓ Tasse Puderzucker

Für 1 Striezel
Nussiger
Klassiker

Bereite zunächst den Hefeteig nach dem Grundrezept zu.

Für die Nussfüllung vermischst du alle Zutaten und gibst so viel heißes Wasser dazu, bis eine streichfähige, aber nicht zu feuchte Paste entsteht. Den Teig rollst du nun zu einer rechteckigen Teigplatte aus (etwa 5 mm dick) und bestreichst sie mit der Nussmasse.

Die Teigplatte von der Längsseite her zusammenrollen, sodass eine lange „Wurst" entsteht. Diese schneidest du jetzt längs in der Mitte durch, sodass du zwei gleich lange Stücke erhältst. Diese beiden Stränge verdrehst du miteinander (quasi flechten, nur mit zwei Strängen). Die Enden knubbelst du schön zusammen, damit sie sich nicht öffnen. Dann legst du den Striezel auf ein Backblech mit Backpapier. Du kannst ihn von den Enden her noch etwas „stauchen", damit er eine schöne bauchige Form bekommt. Bestreiche seine Oberfläche noch etwas mit Öl.

Backe den Striezel etwa 40 Minuten im vorgeheizten Backofen bei 180 °C. Zum Schluss aus Puderzucker und Wasser eine Glasur rühren und sofort auf den Striezel streichen, wenn er frisch aus dem Ofen kommt.

Am besten noch warm genießen. ☺ Auch Gäste werden dieses beeindruckende Gebilde lieben, da es nicht nur toll aussieht, sondern auch dank der feuchten Füllung phantastisch schmeckt. Lecker!

Vorfahren unseres Getreides

Ich finde es faszinierend, dass unser heutiges Getreide aus wilden Gräsern hervorgegangen ist. Hinter solch unscheinbaren Grashalmen steckt also eine lange Geschichte der Selektion. Und heute sind verschiedene Getreidearten die Hauptnahrungsmittel schlechthin.

Frühling

Holunderküchle

**Für 10 Stück
Aromatische
Gaumenfreude**

Zutaten: • ½ Menge vom Grundrezept für Pfannkuchen (Seite 18)
• 10 Blütendolden vom Holunder
• Staubzucker
• Öl
• evtl. Marmelade zum Dippen

Bereite das Grundrezept für Pfannkuchen vor. Die Holunderblüten nicht waschen, denn sonst geht der aromatische Blütenstaub verloren. Tauche die Dolden in den Pfannkuchenteig, lass' sie abtropfen und backe sie im heißen Öl in einer Pfanne knusprig goldbraun. Serviere die noch heißen, gebackenen Dolden mit Staubzucker bestreut und eventuell mit Marmelade zum Dippen.

Zugegeben, es ist etwas umständlich, die Dolden im Fett zu wenden. Wenn du's einfacher magst, aber den Geschmack nicht missen willst: Zupfe die Blüten einfach ab und mische sie unter den Teig.

Holunderblütensirup

**Für etwa
2 Liter Sirup
Super
erfrischend**

Zutaten: • 10–12 Blütendolden vom Holunder
• 3 kg Zucker
• 80 g Zitronensäure

Löse 500 g Zucker und 80 g Zitronensäure in 2 Litern Wasser auf und gib 12 Dolden Holunder dazu. Diesen Ansatz lässt du maximal 3 Tage ziehen. Danach abseihen, den restlichen Zucker zur Flüssigkeit geben und unter langsamem Erwärmen darin auflösen (aufpassen, dass der Zucker nicht anbrennt). Erhitze den Sirup nun bis knapp unter den Siedepunkt und fülle ihn in sterilisierte Flaschen. Lege die Flaschen kurz auf die Seite, damit auch der Deckel durch die Hitze sterilisiert wird.

Ich habe mal im „Holunderrausch" viel zu viel gesammelt. Mit etwa der fünf- bis siebenfachen Menge an Blüten, so dachte ich, würde es umso besser schmecken. Weit gefehlt, man konnte die Brühe nicht trinken ☺

Sommer

Es ist die Zeit der saftigen Knollen und Wurzeln, der ersten süßen Beeren und etwas später auch die Zeit des herrlich aromatischen Fruchtgemüses. Im Sommer dürfen wir aus einem reichen Fundus an Obst- und Gemüsevielfalt schöpfen und können uns herrlich Frisches zubereiten.

Mediterraner Nudelsalat

Zutaten:
- 1 Grundrezept für Nudelteig (Seite 17)
- je etwa eine Handvoll frisches Gemüse der Saison, z. B. Karotten, Tomaten, Gurken, Kohlrabi, Mais, gekochte grüne Bohnen
- ½ Glas Essiggurken, abgetropft
- 1 Portion Lieblingsdressing (Seite 23)
- 1 Zwiebel, fein gehackt
- 1 Knoblauchzehe, fein gehackt
- frische Kräuter, gehackt

Für 2 Personen
Super zum Mitnehmen

Bereite den Nudelteig nach Grundrezept vor und stelle ihn beiseite. Koche Wasser in einem großen Topf auf und schneide inzwischen das Gemüse in kleine Würfelchen. Hartes Gemüse wie Karotten kannst du grob reiben. Einen Teil der Bohnen mit einem Dressing nach Wahl im Mixer pürieren. Koche die Nudeln und schrecke sie gut mit kaltem Wasser ab. Die cremige Salatsoße mit dem Gemüse, den Nudeln, Zwiebel und Knoblauch mischen, Kräuter darüberstreuen und genießen!

Bohnensalat

Zutaten:
- 4 große Handvoll frische grüne Bohnen
- 1 kleine Zwiebel, fein gehackt
- 1 Knoblauchzehe, fein gehackt
- 1 Portion Lieblingsdressing (Seite 23)

Für 2 Personen
als Beilage
Einfach und lecker

Die frischen Bohnen dünstest du in einem Dämpfeinsatz weich. Die Bohnen noch warm mit Zwiebel, Knoblauch und Dressing mischen. Kürbiskernöldressing passt gut!

Fisolensalat (Bohnensalat) habe ich erst lieben gelernt, seit wir Fisolen selbst anbauen. Meine Lieblingssorte ist die Forellenbohne. Sie ist nicht nur schön gesprenkelt, sondern man kann sie auch noch prima als grüne Bohne essen, wenn sie schon dicke Bohnen hat – ganz ohne Fasern!

Ich habe mir solche Nudelsalate immer gerne als Pausensnack eingepackt. Die Nudeln machen satt und das Gemüse erfrischt. Dabei habe ich immer mehr Gemüse als Nudeln genommen.

Mein Tipp

Statt Blüten kannst du auch frische Sprossen und Wildkräuter unter den Salat mischen.

Bunter Blütensalat

Zutaten:
- 2 Portionen Blattsalat deiner Wahl
- 2 Handvoll bunte, essbare Blüten (z. B. Ringelblumen, Rotklee, Gänseblümchen ...)
- 1 Portion Lieblingsdressing (Seite 23)
- frische Kräuter nach Belieben, gehackt

Für 2 Personen als Beilage
Schnell und gesund

Den Blattsalat in mundgerechte Stücke teilen. Die gesammelten Blüten grob säubern und zusammen mit dem Salat in eine Schüssel geben. Mixe ein beliebiges Dressing und hebe es unter den Salat. Frisch gehackte Kräuter und ein paar Blütenköpfe als Deko – fertig. ☺

Lollo Rosso-Erdbeer-Salat

Zutaten:
- 1 Kopf Lollo Rosso (oder ein anderer knackiger Kopfsalat)
- 2 Tassen Erdbeeren
- 3 Karotten
- 1 Portion Lieblingsdressing (Seite 23)
- milde Kräuter nach Belieben, gehackt

Für 2 Personen als Beilage
Für Experimentierfreudige

Den Salat in mundgerechte Stücke zupfen. Die Erdbeeren schneidest du in Hälften oder Viertel, oder wie du's eben lieber magst, und die Karotten reibst du am besten grob. Vermenge alles mit Deinem Lieblingsdressing und gib noch ein paar milde Kräuter drauf (z. B. Petersilie).

Vielleicht eine etwas ungewohnte Kombination. Als ich das erste Mal in meiner damaligen WG einen Salat mit Apfelstücken und Weintrauben serviert bekam, zog ich die Augenbrauen ganz schön hoch. Doch es schmeckte himmlisch! Seitdem probiere ich immer wieder neue Kombinationen von Salat mit Früchten. Je säuerlicher das Obst ist, desto höher die Wahrscheinlichkeit, dass es mir schmeckt.

Sommer

Kerniger Maissalat

Für 2 Personen
als Beilage
Knackig und
einfach

Zutaten:
- 1 Glas Maiskörner oder 4–5 frische Maiskolben
- 2 große Handvoll Sonnenblumenkerne
- etwas Öl
- Salz
- 2 Tomaten
- ½ Gurke
- 1 kleine Zwiebel, fein gehackt
- 1 kleine Knoblauchzehe, durchgepresst
- 1 Portion Lieblingsdressing (Seite 23)
- frische Kräuter, gehackt

Entweder spülst du den Mais aus dem Glas in einem Sieb ab oder du dämpfst die Kolben 15–20 Minuten und schabst die Körner dann ab. Die Sonnenblumenkerne kannst du in der Pfanne mit wenig Öl etwas anrösten und salzen. Das Gemüse in kleine Würfel schneiden. Übergieße Mais, Gemüse, Zwiebel und Knoblauch mit dem Dressing und streue Kräuter und die noch warmen Sonnenblumenkerne darüber.

Etwas fein gewürfelte Chilischote passt super, wenn du es gerne scharf magst. ☺

Fruchtige Rote Bete

Für 2 Personen
als Beilage
Einfach und
köstlich

Zutaten:
- 5 mittelgroße Kugeln Rote Bete
- 5 mittelgroße Tomaten
- 1 kleine Zwiebel
- 1 Portion Kürbiskernöldressing (Seite 23)

Die Rote Bete weich dämpfen (etwa 20–30 Minuten, je nach Größe) und in Würfel schneiden. Ich verwende sie immer mit Schale. Die Tomaten waschen, ebenfalls würfeln, die Zwiebel fein hacken. Das Gemüse mischen und mit dem Kürbiskernöldressing vermengen. Mhhhm!

Selbst angebaute Rote Beete schmeckt mir am besten – sie ist einfach am aromatischsten.

Maultäschchen-Salat

Für den Salat:
- 4 Handvoll Blattsalat nach Saison, in mundgerechte Stücke gezupft
- je eine große Handvoll Gemüse nach Saison, z. B. Tomaten, Gurken, Paprika, klein geschnitten
- 1 Handvoll Sprossen
- 2 Portionen Lieblingsdressing (Seite 23)

Für die Maultäschchen:
- 2–3 Karotten, fein gerieben
- 1 kleine Zucchini, fein gerieben
- Salz
- 1 Grundrezept für Nudelteig (Seite 17)
- 1 Handvoll Sonnenblumenkerne
- 1 Zwiebel, fein gewürfelt
- etwas Öl
- frisches Basilikum, gehackt

Für den Salat alle Zutaten in einer Salatschüssel mischen. Rühre auch schon das Dressing an.

Für die Maultäschchen mischst du Karotten und Zucchini und salzt sie etwas. Bereite den Nudelteig vor und stelle ihn beiseite. Röste Sonnenblumenkerne und Zwiebel in einer Pfanne in heißem Öl an. Presse aus der Gemüse-Mischung so viel Wasser wie möglich heraus, gib die Kerne und die Zwiebel dazu und schmecke alles mit Basilikum ab.

Bringe Wasser in einem Topf zum Kochen und rolle den Teig dünn aus (etwa 2–3mm). Nun den Teig in Rechtecke schneiden (10 x 5 cm, so Pi mal Daumen ☺). Belege die Rechtecke mit der Füllung und klappe sie zusammen. Drücke die Ränder gut mit einer Gabel zusammen. Pass dabei auf, dass keine Schlupflöcher bleiben oder der Rand wieder aufgeht, damit die Füllung später nicht im Kochwasser baden geht.

Die Maultäschchen gibst du ins leicht kochende Wasser und lässt sie ziehen, bis sie oben schwimmen. Erhitze etwas Öl in der Pfanne und brate die Maultäschchen an. Hebe inzwischen das Dressing unter den Salat und gib die krossen Leckerbissen als Topping obenauf. Bon Appétit!

Gemüse-Kirsch-Salat

Für 2 Personen
als Beilage
Ungewöhnlich,
aber einfach

Zutaten:
- 1 Kohlrabi, geschält
- 1 Fenchel
- 1 große Handvoll Kirschen
- 1 Portion Lieblingsdressing (Seite 23)
- evtl. essbare Blüten (z. B. Gänseblümchen und Vergissmein-nicht)

Den Fenchel fein schneiden und den Kohlrabi grob reiben. Mische beides mit den Kirschen (entsteint oder nicht ist Geschmackssache), gib dein Lieblingsdressing dazu und hebe es gut unter. Bestreue das Ganze noch mit hübschen Blüten und genieße den bunten Cocktail!

Tomaten-Linsen-Suppe

Für 2 Personen
Geht schnell

Zutaten:
- 1 Tasse Linsen
- 1 Zwiebel
- 4 Tomaten
- etwas Öl
- Salz
- evtl. Suppenwürze (Seite 25)
- 1 Knoblauchzehe, durchgepresst

Die Linsen je nach Sorte über Nacht einweichen und am nächsten Tag weich kochen. Die Zwiebel und die Tomaten würfeln. Schwitze die Zwiebel in etwas heißem Öl an, gib die Tomaten dazu und lösche alles mit etwa 3 Tassen Wasser ab.
Gib die Linsen dazu und lasse die Suppe 10 Minuten mit etwas Salz oder Suppenwürze köcheln. Zum Schluss würzt du die Suppe noch mit Knoblauch, Öl und Salz nach Geschmack.

Polenta-Pizza

Zutaten:
- 2 Tassen Polenta
- Salz
- etwas Öl
- 1 Tasse Tomatensoße (Grundrezept Seite 26)
- nach Belieben: etwa je 1 kleine Handvoll Tomaten, Zucchini, Aubergine, Mais, Zwiebel, Spinat, Pilze, ...
- evtl. 1–2 Knoblauchzehen
- optional „Käse"soße (Grundrezept Seite 21)

> **Für 1 Blech Pizza**
> **Raffiniert und einfach**

Die Polenta in 6–8 Tassen kochendes Wasser einrühren (meist ist die 3- bis 4-fache Wassermenge nötig, je nach Beschreibung auf der Packung), 2 gestrichene Teelöffel Salz dazugeben und unter Rühren köcheln lassen, bis die Polenta ausgequollen ist. Lass' die Polenta noch etwa 10 Minuten ziehen und probiere dann, ob sie gar ist (sie sollte nicht mehr körnig sein). Streiche die Polenta gleichmäßig auf ein eingeöltes Backblech und schieb sie für 10 Minuten in den auf 220 °C vorgeheizten Backofen. Sie sollte etwas fest und trockener werden. Schneide inzwischen das Gemüse in Stücke und mische es mit 2 Esslöffeln Öl und etwas Salz, du kannst auch Knoblauch hineinpressen. Die Tomatensoße kannst du ebenfalls etwas mit Salz und Knoblauch würzen. Nun die Polenta aus dem Ofen holen, mit Tomatensoße bestreichen und mit Gemüse belegen. Wenn du magst, kannst du noch Käsesoße darübergießen. Jetzt muss die Pizza nochmal etwa 15–20 Minuten bei 220 °C in den Backofen.

Eine leckere Pizza-Variante! Michael und ich haben sie vor einigen Jahren zum ersten Mal ausprobiert und konnten sogar eine ältere Bäuerin damit entzücken, sodass sie Polentapizza für ihre Familie nachgebacken hat. ☺ Vor allem auch für Menschen super, die sich glutenfrei ernähren müssen!

Pilze selbst züchten

Vor allem für ausgefallene Pilze zahlt sich die eigene Aufzucht zu Hause aus. Du hast das „Pech", zu wenig Sonne für Pflanzen an der Fensterbank zu haben? Dein Glück! Die meisten Pilze kommen mit wenig Helligkeit aus oder mögen gar kein Licht. Viele fühlen sich auch im Keller oder Badezimmer wohl.

Gefüllte Paprika

Für 2 Personen
Klassisch

Zutaten:
- ½ Tasse Hirse
- evtl. eine kleine Handvoll Rosinen
- 1 Zwiebel, fein gewürfelt
- 2 Knoblauchzehen, fein gewürfelt
- 1 Aubergine oder 1 Zucchini, fein gewürfelt
- etwas Öl
- Salz
- 4 große rote oder gelbe Paprika
- 1 Portion Tomatensoße nach Grundrezept (Seite 26)
- evtl. frische Kräuter, gehackt
- evtl. 1 Knoblauchzehe, durchgepresst

Die Hirse nach Grundrezept kochen (Seite 22) – koche die Rosinen mit, wenn du magst! Zwiebel, Knoblauch und Aubergine im heißen Öl goldbraun anbraten. Die Hirse mit dem Gemüse mischen und alles mit Salz abschmecken. Die Paprika höhlst du aus und füllst sie mit der Hirsemischung. Die Tomatensoße mit Salz und, wenn du magst, noch mit Kräutern und Knoblauch würzen. Nun einen Bräter oder eine Auflaufform mit der Tomatensoße füllen und die Paprika aufrecht hineinstellen. Im vorgeheizten Backofen bei 180 °C etwa 20 Minuten backen.

Zucchini-Spätzle

Für 2 Personen
Fix und
sättigend

Zutaten:
- 1 Grundrezept Spätzle (Seite 21)
- 2 kleine Zucchini, klein gewürfelt
- etwas Öl
- 2 große Handvoll Sonnenblumenkerne
- Salz
- 2 Knoblauchzehen, durchgepresst
- frische Kräuter, gehackt

Bereite den Spätzleteig nach Grundrezept vor und stelle ihn beiseite. Während du Wasser für die Spätzle aufkochst, brätst du die Zucchini in einer Pfanne in etwas heißem Öl an. Schiebe sie an den Rand und röste die Sonnenblumenkerne leicht mit an. Die Mischung mit Salz und Knoblauch abschmecken und warm halten. Nun die Spätzle in kochendes Wasser schaben, gar kochen, abtropfen lassen und unter das Gemüse heben. Nochmals mit Salz abschmecken und mit frischen Kräutern servieren.

Bohnen-Mais-Torte

Zutaten:
- 1 Grundrezept für Pfannkuchen (oder Pfannkuchen vom Vortag, Seite 18)
- 2 Tassen Bohnen (über Nacht einweichen)
- 1 Zwiebel, gewürfelt
- etwas Öl
- 2 Tassen Maiskörner
- 2 Knoblauchzehen, durchgepresst
- 1 Glas Tomatensoße (Grundrezept Seite 26)
- Salz
- frische Kräuter, gehackt
- 1 Grundrezept für „Käse"soße (Seite 21)

Für 3–4 Personen
Ausgefallen

Die Pfannkuchen nach Grundrezept zubereiten. Gleichzeitig die Bohnen weich kochen. Die Zwiebel in heißem Öl anschwitzen. Die gekochten Bohnen, den Mais und den Knoblauch dazu geben und die Tomatensoße darübergeben. Mit Salz und Kräutern abschmecken.
Nun schichtest du die Pfannkuchen und die Gemüsemischung abwechselnd in eine Springform. Als Topping streichst du die „Käse"soße oben drauf. Bei 200 °C etwa 20–30 Minuten backen, bis der Guss knusprig goldbraun ist.

Oreganonudeln mit Tomaten

Zutaten:
- 1 Grundrezept für Nudelteig (Seite 17)
- 1 Handvoll Oregano, gehackt
- 3–4 große Tomaten
- 1 Knoblauchzehe
- dein Lieblingsöl
- Salz

Für 2 Personen
Ganz easy

Die Nudeln nach Grundrezept zubereiten und Oregano unter den Teig mischen. Inzwischen die Tomaten klein schneiden und den Knoblauch durchpressen. Koche nun die Nudeln, bis sie oben schwimmen, und gieße sie ab. Mische die Nudeln mit den Tomaten, dem Knoblauch und deinem Lieblingsöl.

Nudeln mit Rösttomaten-Pesto

Für 2 Personen
Gelingt immer

Zutaten: • 1 Grundrezept für Nudeln (Seite 17)
• 1 Schale Kirschtomaten
• 2 Handvoll Basilikum
• Salz
• dein Lieblingsöl
• 1 Knoblauchzehe, durchgepresst
• evtl. 1 Handvoll Sonnenblumenkerne, geröstet

Den Nudelteig nach Grundrezept zubereiten und schon mal das Wasser aufsetzen. Brate die Kirschtomaten im Ganzen scharf an, bis ein Röstaroma entsteht. Basilikum ganz fein hacken. Gib die Tomaten in eine Schüssel und zerdrücke sie. Die Mischung salzen, mit leckerem Öl (z. B. Raps) mischen und das Basilikum und Knoblauch dazugeben. Die Nudeln kochen, abgießen und sofort in die Soße geben. Als Topping passen auch geröstete Sonnenblumenkerne. ☺

Deftige Gemüsetorte

Für 1 Springform
Raffiniert

Zutaten: • 1 Grundrezept für salzigen Hefeteig (Seite 18)
• 1–2 Zucchini
• 4 Tomaten
• 2 Zwiebeln
• etwas Öl
• Salz, etwas Paprikapulver
• 1 Zweig Rosmarin

Zuerst den Hefeteig nach Grundrezept vorbereiten und warm gehen lassen. Inzwischen das Gemüse in etwa 5 mm dünne Scheiben schneiden und in einer Schüssel mit etwas Öl, Salz und Paprikapulver würzen und gut durch-mischen. Rosmarinnadeln fein hacken und in einer kleinen Schüssel mit wenig Öl mischen.
Eine Springform mit dem Hefeteig auskleiden. Abwechselnd Gemüse hin-einschichten und mit ein paar Scheiben Zucchini abschließen. Diese noch mit der Öl-Rosmarin-Mischung bestreichen und im vorgeheizten Backofen bei etwa 160 °C 30–40 Minuten backen. Zum Schluss noch den Grill akti-vieren, um die Zucchini etwas zu bräunen. Mhhhmmmahlzeit!

Was gibt es
schöneres als
lauschige Abende
am Lagerfeuer?
Kombiniert mit
leckerem Essen
kann`s ja nur
noch besser
werden. ☺

Gegrilltes Sommergemüse

Nimm am besten eine bunte Vielfalt an Gemüsen und stecke sie auf Holz-
spießchen. Es eignen sich z. B. Zucchini, Tomaten, Pilze, Zwiebel, Paprika,
Mais (vorgekocht), Auberginen ...
Bestreiche das Gemüse leicht mit einer Knoblauch-Kräuter-Öl Mischung
und lege es auf einen Grillrost über das Feuer. Die Spieße etwa 10–15
Minuten grillen, bis das Gemüse weich und leicht gebräunt ist.
Dazu passen Lehmkartoffeln und Stockbrot.

Lehmkartoffeln

Die Kartoffeln samt Schale einfach in eine Lehmmasse einwickeln. Du
brauchst nur im Garten zu graben, um festzustellen, ob dort lehmige, form-
bare Erde ist. Solltest du keinen Lehm finden, kannst du die Kartoffeln auch
ohne Lehm in die Glut geben und dann aus der schwarzen Schale löffeln.
Die Lehm-Variante hat den Vorteil, dass die Schale weit weniger schwarz
wird. So sparst du dir außerdem den Alufolien-Müll!

Stockbrot

Für das Stockbrot nimmst du einfach das Grundrezept für salzigen Hefeteig (Seite 18). Den Teig formst du dann zu Würstchen und wickelst diese um einen Stock. Jetzt noch geduldig über das Feuer halten und abwarten, bis das Brot durch ist. Lecker!

Gegrillte Maiskolben

Zutaten: • 4–6 frische Maiskolben
• etwas Öl
• Salz
• Paprikapulver
• gemischte Kräuter, gehackt

Für 2 Personen
Einfach
und gut

Die Maiskolben 15 Minuten vorkochen. Danach etwa 10–15 Minuten grillen, dabei öfter wenden. Bestreiche die Maiskolben mit Öl, z. B. Rapsöl, und bestreue sie mit Paprikapulver, Salz und einer Kräutermischung. Simpel und lecker!

Wie ich Maiskolben liebe! Beim Grillen vergesse ich liebevolle Gemüsespieße oder gar Tofuwürstel sofort, wenn es Maiskolben gibt. Ich könnte sie zum Frühstück, mittags, zum Abendessen und zwischendurch essen, so gut find' ich Maiskolben!

Mini-Pizzen

Für 2 Personen
Kinder-Liebling

Zutaten: • 1 Grundrezept salziger Hefeteig (Seite 18)
• 1 Zwiebel
• 1 Handvoll Cocktailtomaten
• 1 Paprikaschote
• 1 Handvoll Zuckermais
• 1 Handvoll Brokkoliröschen
• etwas Öl, Salz
• 1 kleines Glas Tomatensoße (Grundrezept Seite 26)
• 1 Grundrezept „Käse"soße (Seite 21)
• italienische Kräuter, gehackt

Bereite den Hefeteig nach Grundrezept vor. Du kannst entweder mit
einem Glas Mini-Pizzen aus dem ausgerollten Teig ausstechen oder die
Pizzen einzeln aus kleinen Teigkügelchen ausrollen. Schneide das Gemüse
klein, mische es mit Öl und Salz. Bestreiche den Teig mit Tomatensoße
und verteile das Gemüse darauf. Bereite eine Käsesoße zu und verteile
sie ebenfalls auf den Pizzen. Nun bei 220 °C etwa 15 Minuten backen,
bis die Soße goldbraun-knusprig aussieht. Zum Schluss mit den Kräutern
bestreuen und servieren!

Zucchini-Aufstrich

Für 1 Schale
Aufstrich
Ganz einfach

Zutaten: • 2 kleine Zucchini
• 1 große Zwiebel
• etwas Öl
• 1 Knoblauchzehe
• Salz
• Kräuter, gehackt

Schneide Zucchini und Zwiebel in Würfel und brate alles im heißen Öl
in einer Pfanne an. Das Gemüse weich dünsten und den Knoblauch dazu
pressen. Am Schluss mit Salz, Öl und Kräutern abschmecken und eventuell
etwas zerdrücken.

Falls du selbst Zucchini anbaust: Ich finde ja, dass besonders
von größeren Zucchini die Samen in der Mitte beim Anbraten
besonders gut schmecken.

Ich finde diese Pizzen so goldig! Nicht nur Kinder werden sie lieben. Das Fingerfood ist ein Knusperspaß – für Pizzarand-Fans natürlich super. ☺

Burger mit Gemüsefüllung

Zutaten.
- 2 Handvoll Pilze
- 1 kleine Zwiebel
- etwas Öl
- Salz
- 1 Knoblauchzehe, durchgepresst
- 1 große Tomate
- 2 Brötchen nach Wahl
- Schnittlauch, in Röllchen

Für 2 Personen
Gesundes
Fastfood

Die Pilze in Scheiben schneiden und die Zwiebel zur Hälfte in feine Würfel und zur Hälfte in Halbringe. Brate die Pilze im heißen Öl zusammen mit den Zwiebelwürfeln an. Dann salze sie und würze sie mit Knoblauch. Schneide die Tomate in Scheiben. Nun die Brötchen mit den Tomaten, dem Pilzgemüse und den Zwiebelhalbringen belegen und mit Schnittlauch bestreuen. Guten Hunger!

Focaccia

Zutaten:
- 1 Grundrezept salziger Hefeteig (Seite 18)
- 1 kleine Zwiebel
- ½ Tasse Cocktailtomaten
- etwas Öl
- Salz
- italienische Kräuter wie Basilikum, Oregano, Thymian

Für 2 Personen
Eine Prise
Italien

Bereite den Hefeteig nach dem Grundrezept vor. Die Zwiebel schneidest du in dünne Scheiben und die Tomaten halbierst du. Forme den Teig zu etwa 6 dicken, fladenähnlichen Broten und drücke die Tomaten mit der Schnittfläche nach oben in den Teig. Die Zwiebelscheiben verteilst du dazwischen und drückst sie an. Bestreiche alles mit Öl und salze es leicht. Nun bei 180 °C im vorgeheizten Backofen etwa 25–30 Minuten backen. Vor dem Servieren noch einmal dünn mit Öl bestreichen und mit Kräutern bestreuen.

Eine Freundin aus Italien hat mir diese Brote gezeigt, als ich sie besuchte – und ich habe mich sofort in die Leckerei verliebt.

Auberginen-Brote

Für 2 Personen
Simpel und
schmackhaft

Zutaten:
- 1 Aubergine
- etwas Öl
- Salz
- frische Kräuter
- 4 Scheiben Brot, getoastet

Die Auberginen längs in 3 mm dünne Scheiben schneiden und in einer Pfanne in heißem Öl anbraten, bis sie goldbraun und etwas knusprig sind. Salzen, mit Kräutern bestreuen und ab aufs Knusperbrot!

Wow, als ich solche Auberginen-Brote zum ersten Mal probierte, traute ich meinem Gaumen kaum. Wozu eigentlich noch Brotaufstrich? Seitdem liebe ich Auberginen! Und es gibt sie in so vielen Formen und Farben. ☺

· ·

Bruschetta

Für 2 Personen
Erfrischend
einfach

Zutaten:
- 4 große, reife Tomaten
- frische Kräuter (z. B. Basilikum), fein gehackt
- Salz
- 1 Knoblauchzehe, durchgepresst
- 1–2 EL deines Lieblingsöls
- 4 Scheiben Brot, getoastet

Traditionell entfernt man für Bruschetta das saftige Innenleben der Tomate. Da ich es nicht wegwerfen möchte, würfle ich die gesamte Tomate. In einer Schüssel mischst du dann die Tomatenwürfel mit fein gehacktem Basilikum, Salz und Knoblauch. Öl darunter rühren und die Mischung auf die Brotscheiben verteilen.

Manchmal gebe ich das Brot mit dem Belag in den Ofen und backe alles kurz. Ist etwas weniger erfrischend als mit kalten Tomaten, aber dafür ein super Sommerabend-Snack.

Mein Tipp

Bereite die „Käse"soße
mit Maismehl zu und du
hast einen tollen Party-
snack für Gäste mit
Glutenunverträglichkeit.

Pizzakartoffeln

Zutaten:
- ca. 5 große Kartoffeln
- je 1 Tasse Paprika, Tomaten und Zucchini, klein würfelig geschnitten (oder was immer du sonst gerne auf einer Pizza magst)
- etwas Öl
- Salz
- 1 Grundrezept für „Käse"soße (Seite 21)
- frischer Oregano

Für 1 Backblech
Für die Party

Schneide die Kartoffeln in etwa 1 cm dicke Scheiben. Sehr kleine, runde Randstücke kannst du für den Belag verwenden und klein würfeln. Das klein geschnittene Gemüse etwas mit Öl beträufeln und salzen.
Koche noch eine „Käse"soße nach Grundrezept und das Belegen kann losgehen: Die Kartoffelscheiben auf ein geöltes Backblech legen und die Gemüsewürfel mit einem Löffel darauf verteilen. Etwas Käsesoße darübergießen und 20–30 Minuten bei 180 °C im vorgeheizten Backofen backen (zum Schluss noch kurz den Grill dazuschalten, damit der Guss eine Kruste bekommt).
Die fertigen Pizzakartoffeln mit frischem Oregano bestreuen und genießen. Super als warm gereichtes Fingerfood!

Wusstest du ...

... dass es nicht nur gelbe Kartoffeln gibt? Vielleicht hast du ja schon mal welche mit rosa Schale gesehen. Aber kennst du Kartoffeln, die innen rosa, dunkelviolett oder rot sind? Es gibt auch länglich-dünne und ganz knorkelig aussehende Sorten. Hier lohnt sich das selbst Anbauen, denn im Laden gibt es sie leider selten.

Sommer

Aprikosenschnitten

Für 1 mittel-
große, flache
Backform
Saftig und
lecker

Zutaten: • 1 Grundrezept für Universal-Kuchenteig (Seite 20)
• etwas Öl und etwas Mehl für die Backform
• ca. 10–15 Aprikosen

Bereite den Grundteig für den Kuchenboden vor und gib die Masse in die
gefettete und bemehlte Backform. Die Marillen waschen, halbieren und
mit der Innenseite nach oben auf den Teig legen. So bleiben die Marillen
schön saftig und der Teig wird nicht feucht. Den Kuchen im vorgeheizten
Backofen bei 180 °C Ober- und Unterhitze für 30–40 Minuten backen.

Ein sehr leckerer Kuchen und zu Recht ein Klassiker!

Linzer Torte

Für 1 kleine
Springform
Klassisch

Zutaten: • 1 Grundrezept für Mürbeteig (Seite 20)
• etwas Mehl zum Ausrollen und Mehl und Öl für die Backform
• 1 ½ Tasse rote Johannisbeermarmelade
(Grundrezept Seite 24)

Bereite den Mürbteig nach Grundrezept vor und lasse ihn etwas ruhen.
Anschließend drei Viertel des Teiges etwa 1,5 cm dick ausrollen und eine
gefettete und bemehlte Kuchenform damit auslegen. Den übrigen Teig
nochmals ausrollen und in Streifen schneiden. Fülle den Kuchenboden
mit der Marmelade und lege die Streifen gitterförmig darüber. Nun das
Gitter noch ein bisschen mit Öl bestreichen und ab in den Backofen für
40–45 Minuten bei 180 °C.

*Lustigerweise kannte ich die Torte meiner Geburtsstadt gar nicht,
bis ich sie eines Tages selber machte, weil ich noch ein Gastgeschenk
für meine Sprachreise nach Italien brauchte. Jedenfalls schmeckt
sie lecker und darf gern öfter auf dem Tellerchen landen.* ☺

Kirsch-Hafer-Schnitten

Für Boden und Kruste

- 1 ½ Tasse Haferflocken
- ¼ Tasse Zucker
- ½ Tasse geriebene Haselnüsse
- ¼ Tasse Öl
- ½ TL Backpulver
- etwas Öl für das Backblech

Für die Füllung

- 2 ½ Tasse Kirschen, entsteint
- 1 EL Zucker
- ½ EL Maisstärke

Für 1 kleines
Blech
Etwas
weniger süß

Als erstes die Kirschen mit Zucker und 1 bis 2 Esslöffeln Wasser aufkochen und ganz leise köcheln lassen. Einen Teil davon pürierst du und gibst ihn wieder zu den ganzen Kirschen. Mische die Stärke mit 1 Esslöffel Wasser und rühre sie in die heiße Masse. Aufkochen, bis die Kirschsoße leicht eindickt, und beiseite stellen.

Für den Boden mixt oder mahlst du 1 Tasse Haferflocken fein (du kannst auch eine Tasse normales Mehl nehmen). Verrühre das Hafermehl mit dem restlichen Hafer, den anderen Teigzutaten und einer ¾ Tasse Wasser. Zwei Drittel des Teiges streichst du nun etwa 1,5 cm dick auf ein kleines Blech oder in mit Backpapier ausgelegte Förmchen. Die Kirschsoße kommt nun darüber und den Rest der Teigmasse bröckelst du gleichmäßig auf die Kirschsoße.

Im vorgeheizten Backofen bei 160 °C (Umluft) 30 Minuten backen.

Eine sehr leckere Hafersüßspeise, die gar nicht so süß daherkommt!
Mit Puderzucker bestäubt schmeckt es mir auch gut. ☺

Klassischer Erdbeerkuchen

Für 1 Spring-
form oder
1 kleines, hohes
Kuchenblech
Easy

Für den Kuchen:
- 1 Grundrezept für Kuchenteig (Seite 20)
- 1 Schale Erdbeeren (ca. 250 g)

Für den Guss:
- 250 ml Fruchtsaft (z. B. Apfelsaft)
- 1 ½ EL Kartoffelstärke

Bereite den Kuchenteig nach Grundrezept vor und backe ihn. Den Kuchenboden abkühlen lassen und währenddessen die Erdbeeren halbieren oder in
kleine Stückchen schneiden. Den Boden mit den Erdbeeren belegen.
Für den Tortenguss Kartoffelstärke mit einigen Esslöffeln Fruchtsaft
verrühren, den Rest aufkochen. Die Stärkemischung einrühren und
aufkochen, bis es eindickt. Lass' die Masse etwas abkühlen und gieße sie
anschließend über die Erdbeeren.

Ich liebe Erdbeerkuchen!

Kirsch-Strudel

Für 1 Backblech
Braucht etwas
Übung

Zutaten:
- 1 Grundrezept Strudelteig (Seite 20)
- 5 große Handvoll Kirschen, ohne Steine
- 1 Tasse gehackte und geröstete Haselnüsse
- 1 Prise Salz
- etwas Öl zum Bestreichen
- evtl. Puderzucker

Bereite den Strudelteig nach dem Grundrezept vor und ziehe ihn aus.
In einer Schüssel mischt du die Kirschen mit den Nüssen, dem Salz und
1 Esslöffel Öl. Die Mischung streichst du auf den Teig. Rolle den Strudel
zusammen, bestreiche ihn mit Öl und backe ihn im vorgeheizten Backofen
bei 180 °C etwa 30 Minuten, bis er leicht golden ist.

Mein Tipp

Beim Tortenguss ist es wichtig, Kartoffelstärke zu verwenden, da der Guss mit Maisstärke trüb werden würde. Mit Kartoffelstärke wird er zwar auch nicht glasklar, aber auf jeden Fall klarer als mit Maisstärke. ☺

Als Kind habe ich fast immer genauso viele Brösel wie
Knödelmasse gegessen, weil ich das zuckrige Zeug so liebe – und
tue es ehrlich gesagt noch heute. ☺

Selbst gemachtes Fruchteis

Zutaten:
- 1 Handvoll Heidelbeeren
- 1 Handvoll Himbeeren
- 1 Handvoll klein geschnittener Aprikosen
- 1–3 EL Puderzucker

Für 4 Personen
Erfrischend
lecker!

Mische das Obst in einer Schüssel und püriere es zum Teil, sodass eine einheitliche Masse entsteht (du kannst auch alles pürieren, aber ich mag die Stückchen!). Gib Zucker nach Geschmack dazu. Im gefrorenen Zustand schmeckt die Obstmasse etwas weniger süß. Fülle das Ganze in Eisförmchen oder in kleine Schüsselchen – und ab damit ins Gefrierfach. Ein paar Stunden Geduld, und schon kannst du das fruchtige Eis genießen. Mhhm!

Auf die Idee bin ich gekommen, weil wir mal spontan verreisen mussten und noch Obst im Kühlschrank hatten. Zum Mitnehmen war es zu viel, also legte ich es in Stücke geschnitten in den Gefrierschrank. Wieder zuhause angekommen, probierte ich das gefrorene Obst und war begeistert – so einfach kann Fruchteis also zubereitet werden. ☺

Erdbeerknödel

Zutaten:
- 1 Grundrezept für Knödelteig (Seite 18)
- etwa 8–10 große Erdbeeren
- etwas Puderzucker
- 2 Tassen Semmelbrösel
- ½–1 Tasse Kristallzucker, je nach gewünschter Süße

Für 2 Personen
Einfach und
superlecker

Knete zuerst den Teig für die Knödel und teile ihn, der Anzahl der Erdbeeren entsprechend, in gleich große Teile. Inzwischen in einem großen Topf Wasser aufkochen. Die Erdbeeren waschen und die Blätter entfernen. Wälze die nassen Erdbeeren in Puderzucker und ummantle sie mit dem Knödelteig. Die Knödel gibst du in ganz leicht siedendes Wasser und lässt sie etwa 5–7 Minuten ziehen, bis sie oben schwimmen.
Derweil die Semmelbrösel vorsichtig in einer trockenen Pfanne goldbraun rösten und erst danach (!) den Kristallzucker dazugeben (nicht mitrösten, sonst gibt es Karamellklumpen, die schwarz werden – das weiß ich aus Erfahrung). Die Knödel aus dem Wasser heben und sofort in den Bröseln wälzen. Serviere die übrigen Brösel zu den Knödeln.

Sommer

Herbst

Farbexplosionen stehen uns bevor. Mit knall-
orangen Kürbissen und leuchtenden Wild-
früchten zeigt sich die Natur noch mal von ihrer
buntesten Seite. Bevor es wieder Schlafenszeit
für die Pflanzenwelt wird, gibt es noch aller-
hand Erntefrisches für unsere Teller.

Salat Karotinbombe

Für 2 Personen
als Beilage
Fix und
vitaminreich

Zutaten:
- 3 Karotten
- 1–2 Äpfel
- ¼ Hokkaido-Kürbis
- 1 Portion Lieblingsdressing, z. B. Knobidressing (Seite 23)
- eine Handvoll Kräuter, z. B. Petersilie

Karotten, Äpfel und Kürbisfleisch grob in eine Schüssel raspeln. Lieblings-dressing zubereiten, unterheben, noch mit gehackter Petersilie bestreuen und genießen.

Warmes Rotkraut

Für 2 Personen
als Beilage
Ganz einfach
und lecker

Zutaten:
- ½ Kopf Rotkraut
- 1 Zwiebel
- etwas Öl zum Braten
- etwas Essig
- Salz
- 1 EL gemahlener Kümmel und Salz

Das Rotkraut fein streifig schneiden, die Zwiebel ebenso. Zuerst die Zwiebel im heißen Öl glasig dünsten, das Rotkraut dazugeben und etwas mitdünsten lassen. Anschließend mit Essig ablöschen und danach mit Wasser aufgießen. Salz und Kümmel hinzufügen und köcheln lassen. Sobald das Kraut weicher wird, schmecke es etwas mit Essig ab – und trau dich ruhig, schrittweise mehr dazuzugeben, der Essig gibt dem Kraut eine so leckere Säure!
Passt natürlich perfekt zu Kartoffeln, Semmelknödeln oder Bratlingen (oder zu allem zusammen).

Mein Tipp

Probier' mal, zusätzlich
einen geschnittenen
Apfel mitzukochen! Auch
sehr lecker!

Paprikasalat

Zutaten:
- 4 Paprika, bunt gemischt
- 1 Handvoll Haselnüsse, gehackt
- 1 Knoblauchzehe
- 1 Portion Lieblingsdressing (Seite 23)

Für 2 Personen als Vorspeise Fruchtig-frisch

Die Paprika schneidest du in Streifen und mischst sie mit den Haselnüssen. Presse eine Zehe Knoblauch dazu und vermenge alles mit deinem Lieblingsdressing.

Mhhm, knackiger geht's fast nicht. Am besten schmecken die wirklich vollreifen roten Paprika. Die Schoten sind nämlich super süß!

Herbstlicher Sprossensalat

Zutaten:
- etwa 4–5 große Karotten
- 2 Handvoll Weintrauben
- 2 Handvoll Walnüsse
- 2 Handvoll Sprossen (Seite 174)
- 1 Portion Senfdressing (Seite 23)

Für 2 Personen als Hauptgericht Vitaminbombe

Die Karotten grob reiben, die Weintrauben halbieren und die Walnüsse grob hacken. Die Sprossen gut im Sieb waschen und ebenfalls beifügen (bei Bedarf etwas klein schneiden, damit man die manchmal sehr stark miteinander verflochtenen Sprossen besser untermischen kann). Gib nun das Dressing dazu und genieße! Dazu passt ein knuspriges Ciabatta (ein Rezept dafür ist das „Brot für Gemütliche", Seite 174).

Nur Mut! Süß passt oft hervorragend zu Salaten – ich wollte es erst auch nicht glauben. ☺ Die Nüsse runden alles sehr lecker ab.

Herbst

Radicchiomischsalat mit Leinsamen

Für 2 Personen
Raffiniert und
gesund

Zutaten:
- 1 Handvoll Radicchio, in mundgerechten Stücken
- 4 Hände voll grüner Salat
- 1 kleine Zwiebel, fein gewürfelt
- 1 Handvoll Leinsamen
- 1–2 Knoblauchzehen, durchgepresst
- 2 EL Öl
- 1–2 EL Essig
- Salz
- frische Kräuter, gehackt

Radicchio, grünen Salat und Zwiebel in einer Salatschüssel mischen. Gib eine Handvoll Leinsamen in eine Pfanne und röste sie vorsichtig. Anschließend mahlen oder fein reiben (der „Fleischwolf" lässt sich mit entsprechendem Aufsatz dafür gut zweckentfremden!) und mit dem Knoblauch mischen. Öl, Essig und Salz dazugeben und unter den Salat heben. Mit Kräutern bestreuen. Angeröstet schmeckt Leinsamen besonders aromatisch!

Brokkolicremesuppe

Für 2 Personen
Einfach

Zutaten:
- 1 Kopf Brokkoli
- 2 Zwiebeln
- etwas Öl zum Braten
- Salz
- 1 EL Mehl
- 1 EL Öl
- evtl. 1 Knoblauchzehe, durchgepresst
- etwas Kümmel- oder Paprikapulver

Schneide den Brokkoli und die Zwiebel klein und schwitze sie in etwas heißem Öl an. Nun gib etwas Salz dazu und lass den Brokkoli mit Wasser bedeckt weich köcheln. Gib das Mehl mit 1 Esslöffel Öl und etwas mehr als ½ Tasse Wasser in ein Schraubglas. Kräftig schütteln, in die Suppe gießen und aufkochen lassen. Nun die Suppe pürieren (lass ruhig ein paar Stückchen ganz) und mit Salz abschmecken. Knoblauch passt natürlich immer dazu. Serviere die Suppe mit etwas Kümmel- oder Paprikapulver bestreut.

Mein Tipp

Ich werfe ungern Lebensmittel weg und verarbeite bei Brokkoli auch die härteren Stängel – das meiste wird beim Kochen weich! Nur Teile, die so hart sind, dass sie kaum zu schneiden sind, lasse ich weg.

Diese Suppe ist einfach ein Traum und der Hokkaido-Klassiker. Versäume aber keinesfalls den gebackenen Hokkaido (Seite 118).

Omas Gemüsesuppe

Zutaten:
- 2 Karotten
- 1 große Zwiebel
- 2 Handvoll Blumenkohl
- eine Handvoll Lauch
- 2 Kartoffeln
- 1 Handvoll Linsen (über Nacht eingeweicht)
- etwas Öl zum Braten
- Gemüsebrühe
- evtl. 1 Grundrezept Mehlschwitze (Seite 21)
- Schnittlauch, in Röllchen

Für 2 Personen
als Hauptspeise
Einfach klassisch

Das Gemüse klein schneiden und zusammen mit den Linsen in etwas Öl anschwitzen. Anschließend gießt du das Gemüse mit Wasser auf, bis alles großzügig bedeckt ist und lässt es mit etwas Gemüsebrühe weich kochen. Um die Suppe dicker zu machen, kannst du sie entweder einfach kurz mit dem Pürierstab pürieren, eine Mehlschwitze dazugeben oder sie mit Mehl andicken (siehe „Brokkolicremesuppe", Seite 110).

Ich persönlich liebe diese Suppe, wenn alles ganz weich und matschig ist, weil ich diese Konsistenz aus meiner Kindheit kenne. Aber natürlich kannst du das Gemüse auch knackiger lassen! Dazu solltest du die Linsen eventuell vorkochen oder weglassen.

Hokkaido-Cremesuppe

Zutaten:
- 1 kleiner Hokkaido-Kürbis
- 1 Zwiebel
- etwas Öl zum Braten
- 2 Knoblauchzehen
- 1 Handvoll Kürbiskerne
- Kürbiskernöl
- Salz

Für 2 Personen
Traditionell und
wärmend

Kürbis und Zwiebel klein würfeln, in etwas Öl anschwitzen und mit Wasser ablöschen, sodass alles bedeckt ist. Köcheln lassen, bis das Gemüse weich ist und pürieren. Inzwischen die Kürbiskerne in wenig Öl rösten und leicht salzen. Die Suppe mit Salz abschmecken und Kürbiskernöl und -kerne hineingeben.

Herbst

Burgenländischer Kartoffelsterz

Für 2 Personen
Traditionell und deftig

Zutaten:
- 3 Tassen mehlige, gekochte und zerstampfte Kartoffeln
- 1 Tasse Mehl
- ½ TL Salz
- etwas Öl zum Braten
- frische Kräuter, gehackt

Die Kartoffeln müssen noch heiß zerstampf werden. Lass sie anschließend ein bisschen auskühlen, bevor du mit deinen Händen den Teig machst. Gib das Mehl und das Salz dazu und knete einen Teig (etwa wie Brotteig, kann auch klebriger sein, dann ist der Sterz saftiger). Je nach Wassergehalt der Kartoffeln brauchst du mehr oder weniger Mehl.
Erhitze etwas Öl in der Pfanne und zupfe bröckchenweise den Sterz hinein. Brate die Stücke schön knusprig und goldbraun.
Am besten servierst du den Sterz mit frischem Grün bestreut, z.B. Kresse. Zu dieser deftigen Angelegenheit passt ein knackiger Salat perfekt!

Dieses Rezept habe ich von einer Bäuerin aus dem Nachbarort. In der Küche duftete es so lecker und der Holzherd strahlte eine heimelige Wärme aus. Im Backrohr sah ich das bisher größte Brot meines Lebens und auf dem Herd brutzelte Kartoffelsterz in der Pfanne. Es hatte einen Touch von „wie früher" und ich wollte gar nicht mehr heimgehen. Umso schöner, dass ich etwas von dieser schönen Atmosphäre in Form einer leckeren, traditionell burgenländischen Speise mit nach Hause nehmen konnte. ☺

Wusstest du …

… dass Tomaten und Kartoffeln botanisch verwandt sind? Beide gehören zur Familie der Nachschattengewächse. Vielleicht hast du ja mal die Möglichkeit, eine Kartoffelpflanze zu sehen, die oberirdisch bereits Früchte gebildet hat: Sie sehen aus wie kleine grüne Mini-Tomaten! Nur essen solltest du sie nicht, sie enthalten das giftige Solanin.

Eines der leckersten und gleichzeitig einfachsten
Gemüsegerichte. Brot passt natürlich fabelhaft dazu. Deftig!
Mit dem Kümmel muss man übrigens nicht sparen, da er den
Kohl leichter verdaulich macht.

Auflauf mit Rettich

Zutaten:
- 3 große Kartoffeln
- 1 halber weißer Rettich (oder probier's mal mit Mairüben oder anderen Rettichsorten)
- 2 Äpfel
- 3 Knoblauchzehen
- etwas Öl
- Salz
- 1 ½ Tassen Tomatensoße (optional; Seite 26)
- 1 Grundrezept „Käse"soße (Seite 21)

Für 2 Personen
Ungewöhnlich
und lecker

Schneide das Gemüse und die Äpfel in gleich große Scheiben. Den Knoblauch presst du durch und mischst ihn mit etwas Öl. Nun alle Scheiben abwechselnd (oder auch wild durcheinander) mit etwas Knoblauchöl und Salz darauf in eine Auflaufform schichten. Du kannst auch noch Tomatensoße darüber verteilen. Zum Schluss die Käsesoße darübergießen und etwa 20–30 Minuten bei 200 °C im Ofen backen.

Eine wirklich leckere Geschmackskombi, die sich für mich zunächst gar nicht so lecker angehört hat. Aber Experimente lohnen sich immer wieder!

Gebratener Blumenkohl

Zutaten:
- 1 Kopf Blumenkohl
- etwas Öl
- 2 große Zwiebeln
- Salz
- gemahlener Kümmel

Für 2 Personen
Knackig und
einfach

Den Blumenkohl in Röschen brechen und im heißen Öl goldbraun anbraten. Die Zwiebel in Spalten schneiden und ebenfalls kurz anbraten (dazu den Blumenkohl an den Pfannenrand schieben oder einstweilen auf einem Teller beiseite stellen). Alles gut mischen und mit Salz und Kümmel würzen.

Gebackener Hokkaido

Für 2 hungrige
Personen
So einfach und
köstlich

Zutaten: • 1 Hokkaido-Kürbis
• etwa 2 Knoblauchzehen, oder so viel du magst
• Rosmarin
• 1 gestr. TL Paprikapulver
• 1 gestr. TL gemahlener Kümmel
• Salz, 2–3 EL Öl

Teile den gewaschenen Hokkaidokürbis und schabe die Kerne mit einem Löffel heraus. Schneide die Kürbishälften in etwa fingerbreite Spalten und gib sie in eine Schüssel. Die Knoblauchzehen in Scheiben schneiden, den Rosmarin – sofern frisch – hacken und beides dazugeben. Nun mit Paprika, Kümmel und etwas Salz würzen und das Öl daruntermischen. Alles gut vermengen, damit die Stücke rundherum eingeölt und gewürzt sind. Nun verteilst du die Kürbisspalten auf einem Backblech und gibst sie für etwa 30 Minuten bei 180–200 °C ins Backrohr (der Kürbis soll jedenfalls knusprig goldbraun werden).

Du kannst auch mal probieren, die Kerne drinnen zu lassen. Es ist etwas zäh und man muss gut kauen, aber ich mag die Kerne sehr gerne, weil sie und vor allem das weiche Fleisch drum herum einen eigenen, leckeren Geschmack haben.

. . . .

Brokkolicreme-Nudeln

Für 2 Personen
Gar nicht
schwierig

Zutaten: • 1 Grundrezept Nudeln (Seite 17)
• 1 Brokkoli
• 1 Zwiebel
• etwas Öl zum Braten
• 1 EL Mehl
• Salz, getrockneter Koriander

Den Nudelteig vorbereiten und Wasser aufkochen. Den Brokkoli schnippelst du klein und die Zwiebel hackst du in feine Würfel. Nun das Gemüse in einer Pfanne in heißem Öl anschwitzen und etwas andünsten. Gib das Mehl und eine halbe Tasse Wasser in ein Schraubglas und schüttle es ordentlich. Gieße das Mehlwasser über das Gemüse und lass' es etwas andicken, dann gut umrühren und salzen. Nun die Nudeln noch 2–3 Minuten kochen und gleich unter das Gemüse mengen. Mit getrocknetem Koriander garnieren.

Mein Tipp

Auch ganze Knoblauch-
zehen schmecken total
lecker – durch das Garen
werden sie, genau wie
die Zwiebel, mild. Eigentlich passt so gut wie jedes
Gemüse: Blumenkohl,
Weißkohl, Rosenkohl,
Zucchini, auch Maroni,
Pilze, Fenchel, ...

Pommes-Allerlei

Zutaten: • je 1 Handvoll, in fingerdicke Streifen geschnitten:
Kartoffeln, Rote Bete, Karotten, Kürbis (z. B. Hokkaido),
Pastinake, Zwiebel, Knoblauch, ...
• 2–3 EL Öl
• etwas Salz
• Paprikapulver und gemahlener Kümmel
• Kräuter nach Belieben

Für ein
großes Blech
für 2 Personen
Pfiffig

Das geschnittene Gemüse in eine Schüssel geben und mit Öl, Salz und den
Gewürzen mischen.
Die Gemüsestreifen nebeneinander auf einem Backblech verteilen (wenn
die Stückchen schön nebeneinander liegen und sich nicht zu sehr überlap-
pen, dann werden alle Pommes sehr knusprig!) und bei 200 °C etwa 20–30
Minuten goldbraun backen.
Vor dem Servieren kannst du noch frische oder getrocknete Kräuter deiner
Wahl darüberstreuen ... Kräuter der Provence passen zum Beispiel gut!

*Ich liebe dieses Gemüseblech! Es ist so einfach: Mal eben das
Gemüse geschnippelt, mit Öl, Salz und Gewürzen vermischt, ab
in den Ofen und sich einfach nur noch darauf freuen. Irgendwie
klingt es fast schon zu einfach, aber der Geschmack ist
fantastisch – bisher waren alle davon begeistert.*

Kartoffeltonne auf dem Balkon

Kartoffeln kann man prima „vertikal" in einer Tonne anbauen. Sie muss
mindestens 50 cm hoch sein. Die untersten 10 cm bilden eine Drainage-
schicht z. B. aus Steinen und darauf kommen 20 cm Erde. Kartoffeln im
20-cm-Abstand voneinander hineinlegen und wieder 10 cm Erde darauf.
Nach etwa 4 Wochen nochmal 10 cm Erde an die Pflanzen geben. Je höher
die Tonne, desto öfter kannst du das wiederholen – die Kartoffel setzt
immer wieder etagenweise Knollen an!

Herbst

Ofen-Ratatouille

Zutaten:
- je 1 kleine grüne und gelbe Zucchini
- 2 Auberginen
- 3 Tomaten
- je 1 rote und gelbe Paprika
- 1 große Zwiebel
- einige EL Öl
- Salz
- 1–3 Knoblauchzehen, durchgepresst
- 1 große Handvoll Kräuter ((z. B. Thymian, Oregano, Basilikum, Majoran, etwas Salbei) gehackt
- evtl. 1 Grundrezept „Käse"soße (Seite 21)

Für 2 Personen
Fruchtig-frisch

Schneide alle Gemüsearten in etwa 0,5 cm dicke Scheiben oder Ringe. Aus Öl, etwas Salz, Knoblauch und Kräutern rührst du eine Marinade. Nun das Gemüse sortenweise (oder gemischt, das ist ganz egal) in eine geölte Auflaufform schichten. Auf jede Schicht etwas von der Ölmischung streichen. Wenn du magst, passt auch noch eine Käsesoße gut dazu, die du darüber verteilst. Im Backofen etwa 30 Minuten bei 200 °C backen.

Gemüse mit Pfannkuchen-nudeln

Zutaten:
- 1 Grundrezept Pfannkuchenteig (Seite 18)
- Gemüse nach Lust und Laune z. B.: 1 Zwiebel, 1 Karotte, 1 rote Bete, etwas Weißkraut
- 1–2 Knoblauchzehen, durchgepresst
- etwas Öl zum Braten
- Salz
- Kräuter nach Belieben

Für 2 Personen
Geniale
Resteverwertung

Die Pfannkuchen nach Rezept zubereiten und in dünne „nudelige" Streifen schneiden. Anschließend das Gemüse klein schnippeln und zusammen mit dem Knoblauch in etwas Öl anbraten und weich dünsten. Die Pfannkuchen-nudeln noch miterhitzen und alles mit Salz und Kräutern abschmecken.

Eine prima Verwertungsmöglichkeit, wenn von den Pfannkuchen mal was übrig geblieben ist!

Wenn du keinen Wert auf ordentliche Schichten legst, kannst du natürlich dein Gemüse in eine Schüssel geben, die Marinade untermischen und alles bunt durcheinander in die Form legen. Für mich ist das die schnellere Variante. ☺

Gefüllter Ofenkürbis

Zutaten:
- 1 Tasse Rollgerste
- 1 kleine Stange Lauch
- 2 Karotten
- 1 Handvoll Pilze
- 1 Tasse Maiskörner (frisch oder aus dem Glas)
- Salz
- Kräuter (z. B. Oregano)
- 1 kleiner Kürbis mit guter Standfläche
  (z. B. Turban, Muskatkürbis)
- 1 Tasse Tomatensoße (Seite 26)
- evtl. 1 Grundrezept „Käse"soße (Seite 21)
- Öl

> Für 2–3 Personen
> Lecker und
> einfach

Zuerst die Gerste weich kochen (wie Reis). Das Gemüse in kleine Würfel schneiden, mit der Rollgerste mischen und mit Salz, Kräutern und einem Schuss Öl würzen. Vom Kürbis einen schönen „Deckel" abschneiden und die Kerne herausschaben.

Die Gersten-Gemüse-Mischung mit der Tomatensoße mischen, einfüllen und den Deckel darauf setzen oder eine „Käse"soße darübergießen. Im Ofen etwa 30 Minuten bei 180 °C backen (den Kürbis einfach mal anstechen, ob er weich ist).

Früher mochte ich gefüllte Zucchini oder Kürbisse nicht.
Ich weiß nicht, woran es liegt, aber jetzt liebe ich sie. ☺ Und dies
ist wieder ein schönes Ofengericht, bei dem man während der
Backzeit die Küche schon wieder sauber machen kann …

Die liebe Verwandtschaft …

Wusstest du, dass Kürbisse, Gurken, Melonen und Zucchini alle zur Familie der Kürbisgewächse gehören? Und alle schmecken so unterschiedlich. Kürbisliebende Gärtner und Gärtnerinnen müssen aber aufpassen, wenn sie ihre Kürbislieblinge sortenrein vermehren wollen, da eine verkreuzte Zucchini unter Umständen eine harte, fasrige Schale oder Warzen bekommt … ☺

Herbst

Gemüsegulasch mit Nockerln

Für 2 Personen
Mhm, deftig!

Zutaten:
- 1 große Zwiebel, gewürfelt
- etwas Öl zum Braten
- 2 Tomaten, klein geschnitten
- 4 Kartoffeln, klein geschnitten
- optional eine Handvoll Sauerkraut
- 3 Knoblauchzehen, klein geschnitten
- etwa 2 EL Paprikapulver (je nach Geschmack)
- 2 rote Paprika
- 1 gelbe Paprika
- 1 Grundrezept Nockerlteig (Seite 21)
- Salz, gemahlener Kümmel

Die Zwiebel dünstest du in etwas Öl an. Das übrige Gemüse und den Knoblauch mit dem Paprikapulver dazugeben. Bedecke alles großzügig mit Wasser und lass es köcheln. Die Paprika schneidest du in dicke Streifen und gibst sie nach 10 Minuten dazu. Inzwischen die Nockerl in siedendem Wasser kochen, bis sie oben schwimmen. Etwas ölen und salzen und beiseite stellen. Das Gulasch nach Belieben würzen (auf jeden Fall mit etwas Kümmel) und mit Salz abschmecken. Die Nockerl auf die Teller geben und mit dem Gulasch übergießen.

Rote-Bete-Nudeln mit Gemüse

Für 2 Personen
Für Nudelfans

Zutaten:
- 1 Grundrezept Nudeln (Seite 17), das Wasser durch die gleiche Menge pürierter Roter Bete ersetzen
- 3 Karotten, fein gewürfelt
- 1 große Zwiebel, fein gewürfelt
- 2 Knoblauchzehen, fein gewürfelt
- etwas Öl zum Braten
- Salz, Kräuter (z. B. frisches oder getrocknetes Basilikum)

Bereite den Nudelteig nach dem Grundrezept vor und koche schon mal Wasser auf. Karotten, Zwiebel und Knoblauchzehen schwitzt du in etwas heißem Öl in der Pfanne an. Mit Salz und Kräutern abschmecken.
Nun die Nudeln 2–3 Minuten kochen, bis sie oben schwimmen und gleich unter das Gemüse mischen.

Eine sehr leckere Spätherbstpasta – die Zutaten gibt's aber auch noch im Winter!

Mein Tipp

Wirf beim Backen immer
ein Auge auf die Chips,
da sie an den Rändern
rasch braun bzw. schwarz
werden. Fertig sind sie,
wenn sie wunderbar
knusprig im Mund kra-
chen.

Crunchy Grünkohl-Chips

Zutaten:
- etwa 6 große Grünkohlblätter
- etwas Öl
- etwas Salz

Für 2 Personen
Mal was anderes

Schneide oder reiße die Grünkohlblätter in Chipsgröße (die Blattrippen am besten raus schneiden) und gib sie in eine Schüssel. Gib etwas Öl dazu und rühre die Chips gut durch, bis sie von einem leicht glänzenden Ölfilm überzogen sind. Bei Bedarf noch mehr Öl zugeben.
Nun etwas salzen und ab in den Ofen. Dazu legst du die Chips nebeneinander auf einen mit Backpapier belegten Backrost. Im vorgeheizten Ofen bei 180 °C etwa 8–10 Minuten backen.

Erst war ich skeptisch, doch der Geschmack ist wirklich prima und die „grünen Chips" sind mal was anderes als Kartoffelchips. Etwas einfacher zuzubereiten sind sie auch. Du kannst die Chips natürlich noch nach Belieben verfeinern. Paprikapulver, Kümmelpulver oder Knoblauchpulver schmecken super.

. . . .

Rosenkohl mit Trauben

Für 2 Personen
Fruchtig und deftig

Zutaten:
- 3 Tassen Rosenkohl
- 2 Tassen Weintrauben
- 1 Zwiebel
- Öl zum Braten
- 1 Tasse ganze Walnüsse (ganz, aber ohne die harte Schale ☺)
- Salz
- Petersilie, gehackt

Den Rosenkohl und die Trauben halbieren und die Zwiebel würfeln. Zuerst Zwiebel und Rosenkohl im heißen Öl etwas anbraten und weich dünsten. Dann das Gemüse an den Pfannenrand schieben und in der Mitte die Walnüsse etwas anrösten. Ganz zum Schluss noch die Trauben dazu geben, aber nur zum Erwärmen (sonst werden sie Matsch).
Mit Salz abschmecken und Petersilie darüberstreuen.

Herbst

Überbackene Cremesemmerl

Für 2 Personen
Partyzeit!

Zutaten:
- je 1 Handvoll Rote Bete, Karotte, Rotkohl, Lauch und Pilze, ganz klein gewürfelt
- 1–2 Knoblauchzehen, durchgepresst
- etwa 1 EL Öl
- Salz
- Kräuter
- 1 Grundrezept „Käse"soße (Seite 21)
- 2 oder 3 Brötchen (Semmeln)

Das Gemüse und den Knoblauch mit Öl, Salz und Kräutern abschmecken (z. B. Oregano).
Die „Käse"soße zubereiten. Die Brötchen schneidest du in Hälften und belegst sie mit der Gemüsemischung. Nun die Käsesoße darübergeben und ab in den Ofen für etwa 20 Minuten bei 200 °C Ober- und Unterhitze. Sie sollten jedenfalls knusprig-goldbraun werden.

Meine Mama hat solche Semmeln früher immer zu Festen gereicht.
Ich hatte das schon fast vergessen, bis ich kürzlich meinen Augen nicht traute,
als ich sie auf dem Partybuffet einer Freundin sah. Kindheitserinnerungen ☺

Grissini

Für 2 Personen
Italienischer
Genuss

Zutaten:
- 2 Tassen Mehl
- 2 TL Salz
- 1 Prise Zucker
- 1 Pkg. Trockenhefe
- 3 EL Öl

Mische erst die trockenen Zutaten und gib dann Öl und 1 Tasse Wasser dazu. Lasse den Hefeteig 30 Minuten zugedeckt warm gehen. Nun den Teig in Stücke teilen und zu dünnen Stangen rollen (etwas dünner, als die Grissini werden sollen, weil der Teig ja noch aufgeht).
Bestreiche die Grissini mit Wasser und backe sie im vorgeheizten Ofen etwa 12–15 Minuten bei 200 °C.

Mhhmmm, crispy! Schmecken sehr lecker und ganz anders
als industriell gefertigte. Bestreue die Grissini vor dem Backen
mit Mohn oder grobem Salz – extra snackig!

Gemüseschnecken

Zutaten:
- 1 Grundrezept für salzigen Hefeteig (Seite 18)
- etwas Öl zum Braten
- 5 Tassen Weißkraut, sehr fein geschnitten
- je 1 Tasse Lauch, Tomaten und Mangold, sehr fein geschnitten
- 1 kleine Handvoll Sonnenblumenkerne
- 1 Grundrezept „Käse"soße (Seite 21)
- frische Kräuter, z. B. Oregano

Für 1 Backblech
Nicht nur hübsch
anzusehen

Bereite den Hefeteig vor und lass ihn 1 Stunde warm gehen. Das Gemüse und die Sonnenblumenkerne brätst du in dieser Reihenfolge in heißem Öl an: Kraut, Lauch, Sonnenblumenkerne, Mangold, Tomaten. Bereite die Käsesoße zu und gib die Hälfte davon zum Pfannengemüse.
Den Teig rollst du auf Backblechgröße aus und bestreichst ihn mit der Gemüsemischung. Nun zusammenrollen und in etwa 5 cm dicke Schnecken schneiden. Diese flach drücken und auf ein mit Backpapier belegtes Backblech geben. Bei 180 °C etwa 25 Minuten backen. Vor dem Servieren noch die restliche Käsesoße darüber verteilen und frische Kräuter deiner Wahl darüberstreuen.

Rettich-Snack

Zutaten:
- 1 mittelgroßer Rettich
- Salz
- 1 Portion Paprika-Knoblauch-Dressing (Seite 23)
- 1 kleine Handvoll Sonnenblumenkerne

Für 2 Personen
Frische Vitamine

Den Rettich grob reiben und mit etwas Salz ziehen lassen. Anschließend mit Dressing mischen. Sonnenblumenkerne passen wunderbar dazu. Lecker und „deftig" zur Brotzeit. ☺
Die nötige Salzmenge hängt vom Schärfegrad des Rettichs ab, bitte etwas experimentieren.
Übrigens schmecken gebratene Rettiche tatsächlich gut – auch Radieschen (z. B. Okara-Radieschen-Pfanne, Seite 42)! Eine warme Variante: Rettichscheiben (0,5 cm dick) mit etwas Salz in Öl anbraten und aufs Brot legen. Mhhhm!

Auberginen-Aufstrich

Für 1 Schale
Cremig-lecker

Zutaten:
- 1 kleine Zwiebel
- 1 Aubergine
- 1 kleine Handvoll Sonnenblumenkerne
- etwas Öl zum Braten
- eine Knoblauchzehe, durchgepresst
- Salz
- Petersilie, gehackt

Die Zwiebel und die Melanzani klein würfeln. Brate sie gemeinsam mit den Sonnenblumenkernen in etwas heißem Öl an. Das Gemüse soll weich sein. Den Knoblauch dazugeben, nach Bedarf salzen und alles pürieren (Stückchen dürfen natürlich immer bleiben). Am Schluss frisch gehackte Petersilie unterheben und mit herzhaftem Brot servieren.

Das Schöne: Fast jedes Gemüse kann man weich braten, pürieren (oder ganz lassen) und passend gewürzt (Zwiebel, Knoblauch, Salz, Paprika- oder Kümmelpulver, Kräuter) aufs Brot geben. So einfach bekommt man einen leckeren Brotbelag! Die Aubergine schmeckt uns ganz besonders. Sehr lecker ist auch ein Hokkaido-Aufstrich.

Gebratene Möhren mit Toast

Für 2 Personen
Süßlicher
Knuspersnack

Zutaten:
- 6 etwa gleich dicke Karotten
- etwas Öl zum Bestreichen
- Salz
- evtl. etwas Zucker
- 4 Scheiben Brot
- Kräuter nach Wahl, gehackt

Die Karotten mit Öl bestreichen und salzen. Eventuell ganz wenig Zucker darauf streuen (karamellisiert im Ofen und unterstreicht die süße Note der Karotten). Nun ab in den Ofen und bei 200 °C etwa 20–30 Minuten backen. Die Karotten sollten goldbraun werden und innen weich. Das Brot kurz vor dem Servieren toasten.
Die Möhren mit Kräutern bestreut zum Brot servieren.

Das Rezept mag etwas schlicht scheinen, aber die puren Karotten sind wirklich ein Genuss – wie so viele Gemüse, wenn man sie pur genießt. Probier`s doch mal aus! ☺

Mein Tipp

Zu allen Aufstrichen passen Gemüsesticks: Einfach Gemüse, beispielsweise Karotten, Kohlrabi, Stangesellerie oder Paprika, in schöne Sticks schneiden und dippen. Ein vitaminreicher, schneller Snack, der auch mal den Salat ersetzt.

Feuerbohnen-Aufstrich

Zutaten:
- 1 Tasse Feuerbohnen (oder andere Bohnen deiner Wahl)
- 1–2 Knoblauchzehen
- 1–2 Zwiebeln
- etwas Öl
- Kräuter deiner Wahl (z. B. Majoran und Oregano)
- Salz
- evtl. Paprikapulver oder gemahlener Kümmel

Für eine ordentliche Portion Aufstrich

Lecker und eiweißreich

Die Feuerbohnen über Nacht in reichlich Wasser einweichen. Am nächsten Tag abspülen und in Wasser weich kochen. Dann mit dem Kartoffelstampfer zu Brei zerdrücken (das geht auch mit der Gabel) und die Zwiebel und den Knoblauch untermischen. Schmecke den Aufstrich mit Öl, Kräutern, Salz und eventuell noch Gewürzen ab. Mit dem Öl kannst du noch etwas an der Konsistenz feilen. Einen Teil des Öls kannst du auch durch Wasser ersetzen. Unser Feuerbohnenaufstrich wird immer eher etwas fester. Manchmal mögen wir es auch, ganze Bohnenstückchen drin zu lassen. Besonders fein schmeckt der Aufstrich, wenn du die Zwiebeln vorher in der Pfanne etwas anröstest, sodass sie weich und bräunlich werden. Deftig!

Wurzelchips

Zutaten:
- 1 Kartoffel
- 1 Karotte
- 1 Zwiebel
- 1 Knolle Topinambur
- 1 rote Bete
- 2 EL Öl
- Salz
- evtl. Paprikapulver

Für 2 Personen als Abendsnack

Ganz einfach

Das Gemüse in gleichmäßig dünne Scheiben (2–3 mm) schneiden und in einer Schüssel mit dem Öl (bei Bedarf mehr) und etwas Salz mischen. Liebst du Paprikachips? Na, dann gib etwas Paprikapulver dazu! Nun verteile die Chips nebeneinander auf mit Backpapier ausgelegte Backbleche und -roste. Wahrscheinlich sind mehrere Bleche nötig, du kannst aber auch einfach kleinere Mengen zubereiten. Bei 180 °C so lange backen, bis alles knusprig ist. Bitte bleib unbedingt dabei, da die dünnen Chips leider schnell schwarz werden können.

Traubenkuchen mit Streuseln

Für 1 Blech
Saftig und einfach

Für Teig und Belag
- 1 Grundrezept Kuchenteig (Seite 20)
- etwa 1 Kilo Weintrauben
- Öl und Mehl für das Backblech

Für die Streusel
- 1 ⅓ Tassen Mehl
- 4 Esslöffel Zucker
- 6 Esslöffel Öl, 1 kleine Prise Salz

Bereite das Grundrezept für den Kuchenteig vor, wobei die Konsistenz etwas fester sein soll, damit die Weintrauben nicht versinken (so viel Mehl dazugeben, bis dies der Fall ist – einfach austesten). Die Weintrauben halbieren (und bei Bedarf entkernen) oder ganz lassen. Für die Streusel mischst du das Mehl mit dem Zucker und dem Salz und gibst das Öl und noch 4 Esslöffel Wasser dazu, bis alles eine etwas bröselige Konsistenz hat. Ein Blech einfetten und bemehlen und den Kuchenteig drauf gießen. Die Weintrauben mit den Schnittflächen nach oben verteilen und darüber den Streuselteig bröseln. Bei etwa 180 °C etwa 40 Minuten im vorgeheizten Backofen backen.

Zwetschkendatschi

Für 1 kleines Blech
Herbstklassiker

Zutaten:
- Grundrezept Hefeteig süß (Seite 19)
- etwas Öl und Mehl für das Blech
- etwa 3 Tassen entkernte Zwetschken
- etwas Kristallzucker

Bereite den Hefeteig vor und lasse ihn warm gehen. Die Zwetschken halbierst und entkernst du. Rolle den Teig gleichmäßig etwa 1 cm dick aus, leg ihn auf ein gefettetes und bemehltes Blech aus, drücke die Zwetschken eng nebeneinander liegend etwas in den Teig. Bei 180 °C im Ofen etwa 30 Minuten backen.

Vor dem Servieren kannst du die Schnitten noch mit etwas Kristallzucker bestreuen. Mhmm! Dieses Rezept habe ich von Michael gelernt, nachdem ich ihn mit einem fragenden „Datschi-was?" ungläubig anschaute. Das ging ja gar nicht, dass ich einen Teil seiner bayrischen Kindheitsküche noch nicht kannte. ☺

Grießschmarren

Zutaten:
- 1 Prise Salz
- 1 Handvoll Rosinen
- 1⅓ Tassen Weizengrieß
- etwas Öl zum Braten
- ¼ Tasse Zucker
- evtl. 2 EL geriebene Nüsse
- Holundermarmelade (Grundrezept Marmelade siehe Seite 24)

Für 2 Personen
Schmeckt
wie bei Oma

2 Tassen Wasser mit einer Prise Salz aufkochen, Rosinen dazugeben, Topf vom Herd nehmen und den Grieß langsam einrühren. Den Grieß bei geringer Hitze eindicken lassen und vom Herd nehmen. Lass ihn etwa 10 Minuten ziehen.

Erhitze Öl auf mittlerer Stufe in einer Pfanne, gib den Grießbrei hinein und zerteile ihn mit einem Spatel in mundgerechte Stückchen. Nun langsam brutzeln lassen, die Grießbröckchen sollten etwas trockener werden und dann nicht mehr am Pfannenboden kleben. Zum Schluss Zucker dazugeben und leicht mitrösten.

Zum Verfeinern kannst du noch geriebene Nüsse untermischen. Lecker! Serviere den Grießschmarren mit etwas erwärmter Hollermarmelade.

Gebackene Früchte

Zutaten:
- 1 Grundrezept für Pfannkuchenteig (Seite 18)
- etwa 4 Handvoll Früchte der Saison, z. B. Äpfel, Pflaumen, Birnen, Pfirsiche
- Öl zum Ausbacken

Für 2 Personen
Ganz einfach

Bereite den Pfannkuchenteig vor und stelle ihn zur Seite. Die Früchte in gleich große Stücke schneiden. Erhitze so viel Öl auf mittlerer Stufe in einem kleinen Topf, dass die Früchte darin schwimmen können.

Tauche die Fruchtstücke in den Teig und gib sie ins heiße Öl. Der Teig soll hellbraun gebacken werden.

Die Früchte solltest du relativ rasch ausbacken, damit sie nicht matschig werden, aber auch nicht all zu heiß, damit sie nicht schwarz werden.

Herbst

Germknödel

Für 4 Personen
als Nachspeise

Gar nicht so
schwierig

Für die Knödel:
- 1 Grundrezept für süßen Hefeteig (Seite 19)
- 4 EL Pflaumenmus oder eine andere Marmelade

Für den Guss:
- 2 EL Öl
- 1 EL Puderzucker
- 2 EL Mohn (oder mehr, nach Vorliebe ☺)

Als erstes bereitest du den Hefeteig vor und stellst ihn warm. Inzwischen kannst du schon mal die Zutaten für den Guss mit 3 Esslöffeln Wasser glatt verrühren und beiseite stellen. Wenn der Hefeteig gegangen ist, erhitze einen Topf mit Wasser und gib einen Siebeinsatz hinein (sein Boden sollte über dem Wasser liegen, damit die Knödel nicht im Wasser garen, sondern nur Dampf abbekommen).

Teile den Teig in 4 gleich große Stücke und drücke sie flach (etwa so groß wie deine Handfläche). Nun je 1 Esslöffel Marmelade hineingeben und einen Knödel rundherum formen. Das ist eine Fummelarbeit – aber wichtig, damit der Teig später nicht aufplatzt.

Nun die Knödel in den Topf geben und Deckel drauf: Das Ganze etwa 12–15 Minuten dampfgaren lassen. Die Knödel sollten deutlich aufgegangen und fluffig sein. Vorsichtig herausheben (den Spatel etwas einölen, damit es „glitscht" und die Knödel nicht aufreißen) und mit der Mohn-Zucker-Öl-Mischung übergossen servieren.

Beim ersten Versuch dieser Knödel war ich im Himmel!
Bis dato hatte ich Germknödel zwar ewig nicht gegessen,
doch nach meiner Erinnerung halten sie mit meinem
Kindheitsschmaus auf jeden Fall mit. ☺ Und die Zubereitung
war gar nicht so schwer ...

Mein Tipp

Wenn dir das Füllen zu schwierig ist, kannst du die Knödel auch ohne Füllung dämpfen und die Marmelade einfach dazu servieren. Ist fast nur optisch ein Unterschied und geht deutlich schneller.

Mein Tipp

Getrocknete Hagebutten ergeben auch einen wunderbaren und ebenfalls vitaminreichen Tee!

Hagebuttenmarmelade

Zutaten: • etwa 1,5-2 kg Hagebutten
• etwa 1 kg Gelierzucker 1:1

Für mehrere
Gläschen

Etwas
aufwendiger

Die gesammelten Hagebutten befreist du von den schwarzen Enden und gibst sie als Ganzes in einen Topf. Gib etwa einen Zentimeter hoch Wasser dazu und lass alles köcheln, bis die Hagebutten weich werden. Nun kräftig umrühren, damit sich das Fruchtfleisch von den Kernen löst. Jetzt musst du so viel Wasser dazugeben, dass die Masse sich einfach durch ein Sieb streichen lässt. Aber Vorsicht, das Wasser muss später wieder verdampfen – nimm also nicht all zu viel.
Nun die Masse (eventuell portionsweise) in ein feines Sieb geben und das Fruchtfleisch durch das Sieb streichen. Leg anschließend das Sieb mit einem relativ feinen Tuch aus und versuche, die Masse nochmal durchzustreichen, damit auch die eventuell verbliebenen Härchen herausgefiltert werden.
Jetzt musst du die Hagebuttenmasse etwas einköcheln lassen (bei niedriger Temperatur, mit offenem Deckel und dabei immer wieder umrühren), bis sie etwas flüssiger ist als Ketchup. Wieg die Masse ab und gib die entsprechende Menge Gelierzucker dazu (halte dich einfach an die Packungsangaben). Koche die Masse nochmals auf, lass‘ sie 5 Minuten sprudelnd kochen und fülle die heiße Marmelade nach der Gelierprobe (Seite 24) in sterilisierte Gläser.

Zugegeben, die Hagebuttenmarmelade macht viel Arbeit, aber es ist eine schöne Nachmittagsbeschäftigung, wenn man sich entsprechend Zeit einplant. Die Hagebutte ist super gesund, da sie – z. B. im Vergleich zur Zitrone – ein Vielfaches an Vitamin C enthält.

Herbst

Winter

Wenn draußen alles ruht und nur die Vögel
ab und zu vor unseren Fensterbänken leckere
Körnchen picken, gibt es auch für uns noch viel
Nahrhaftes aus dem Lager. Es lohnt sich allerdings besonders im Winter, vitaminreiche Keimsprossen auf der Fensterbank zu ziehen. Und
selbst unter der Schneedecke finden wir sogar
im Winter noch das eine oder andere essbare
Wildpflänzlein.

Roher Rote-Bete-Salat

Für 2 Personen
Rote Zunge
inbegriffen!

Zutaten: • ca. 2 große Rote Beten
• 1 Knoblauchzehe
• 1 Portion Apfeldressing (Seite 23)

Wasch die Rote Bete und reibe sie grob in eine Schüssel (schälen muss nicht sein, manche mögen aber den „erdigen" Geschmack der Schale nicht). Dann presst du eine Zehe Knoblauch (oder nach Geschmack mehr oder weniger) dazu und schmeckst das Ganze mit Apfelessigdressing ab.

Lustigerweise habe ich dieses Rezept mit roher Roter Bete nicht aus einem Rohkostbuch, sondern vor Jahren bei einer Bäuerin probiert, deren Verwandtschaft massenweise Rote Bete anbaut und verkauft. Seitdem liebe ich rohen Rote-Bete-Salat, vor allem die Kombination mit Knoblauch ist wirklich fantastisch!

Endiviensalat mit Birnen

Für 2 Personen
Fruchtig

Zutaten: • ½–1 Kopf Endiviensalat
• 1–2 Birnen
• 1 Portion Walnussdressing (Seite 23)
• evtl. 1 Zwiebel oder 1 Knoblauchzehe
• frische Kräuter oder Sprossen zum Bestreuen
• Pilze nach Wahl

Endiviensalat in Streifen schneiden. Die Birne schneidest du nach deinen Vorlieben klein und gibst sie zusammen mit dem Walnussdressing über den Salat. Eine durchgepresste Knoblauchzehe oder fein gewürfelte Zwiebel passt noch gut dazu.
Frische Kräuter oder Keimsprossen sind als Topping super. Die Pilze goldbraun anbraten und den Salat damit garnieren. Falls dir die Endivienblätter zu bitter sind, kannst du sie eine halbe Stunde in lauwarmem Wasser einweichen.

Mein Tipp

Probier doch mal verschiedene „Feinheitsgrade" beim Raspeln. Ich persönlich mag's noch ein bisschen knackig. Etwas geraspelte Rote Bete bereichert jeden Salat!

Mein Tipp

Achtung! Am Anfang kann es eine Weile dauern, bis die Samen braun werden, aber dann geht es schnell! Lieber mit etwas weniger Hitze arbeiten. Kleine (und dann heiße!) Samen springen manchmal in der Pfanne hoch. Beginne beim Rösten lieber mit größeren und gib' dann Schritt für Schritt kleinere dazu.

Chinakohlsalat mit Rotkraut

Zutaten:
- ½ Chinakohl
- 1–2 Handvoll geschnittenes Rotkraut
- 1 kleine Zwiebel
- etwas Öl zum Braten
- 1 Portion deines Lieblingsdressings (Seite 23)
- nach Wunsch zusätzlich: 2 Tassen Pilze
- Salz
- 2 Handvoll gemischte Samen und Nüsse, z. B. Kürbiskerne, Leinsamen, Sonnenblumenkerne, Walnüsse, Haselnüsse
- Petersilie oder Kresse zum Bestreuen

Für 2 Personen
Mit Knusper-
spaß

Den Chinakohl kannst du längs teilen und in Streifen schneiden oder du verwendest nur die Blätter und hebst die dicken Blattrippen für warme Pfannengerichte auf.

Das Rotkraut ebenfalls klein schneiden und mit den Chinakohlstreifen mischen. Nun noch die Zwiebel klein schneiden, in heißem Öl in einer Pfanne glasig-braun dünsten und dazugeben.

Mische dein gewünschtes Dressing (Seite 23) und vermenge es mit dem Salat.

Dazu passen noch perfekt geröstete Pilze, Samen und Nüsse. Einfach die Pilze blättrig schneiden und in der Pfanne in etwas heißem Öl braten. Erst zum Schluss Salz dazugeben (es entzieht sonst zu viel Wasser). Samen und Nüsse ohne Öl ebenfalls in einer Pfanne anrösten.

Als grünes Topping passt Petersilie oder Kresse.

Winter

Kartoffelsuppe

Für 2 Personen
Cremiger Genuss

Für die Suppe

- 1 kleine Zwiebel
- 1 EL Öl zum Braten
- 3 große Kartoffeln
- 1 EL Suppenwürze
- evtl. gemahlener Kümmel

Für die Einlage

- 1 große Zwiebel, in Ringen
- 1 EL Mehl
- etwas Öl zum Braten
- Salz

Die Zwiebel würfeln und im heißen Öl glasig dünsten. Die Kartoffeln schneidest du samt Schale in kleine Würfel und dünstest sie mit. Mit 3 Tassen Wasser löscht du das Ganze ab, gibst die Suppenwürze und eventuell etwas Kümmel dazu. Nach Belieben pürieren.

Ein besonderes Schmankerl: geröstete Zwiebel. Die Zwiebelringe mit Mehl in ein Schraubglas geben und kräftig durchschütteln (so geht das Panieren super schnell). In Öl braun rösten und salzen. Durch das Mehl werden die Ringe extra knusprig! Mhm!

Frittatensuppe

Je nach Pfannkuchenmenge für beliebig viele Mitesser

Zutaten:
- restliche Pfannkuchen vom Vortag
- Suppenwürze (Seite 25)
- Schnittlauch, in Röllchen

Einfach die Pfannkuchen vom Vortag nudelig schneiden (oder nach dem Grundrezept Seite 18 frische zubereiten) und in heißer Gemüsebrühe servieren. Garniert mit Schnittlauch ein Genuss!

Eine typische, österreichische Vorspeisensuppe, die ich seit meiner Kindheit liebe. ☺

Mein Tipp

Wie auf dem Bild zu
sehen, kann man die
Suppe auch pürieren.
Allerdings dann bitte
vorsichtig würzen, weil
Püriertes nach meiner
Erfahrung oft salziger
schmeckt als Unpürier-
tes. Suppen kann man
aber zum Glück leicht mit
Wasser strecken.

Feine Blumenkohlsuppe

Zutaten:
- 1 große Zwiebel
- 1 Kopf Blumenkohl
- 2 mehlig kochende Kartoffeln
- etwas Öl zum Braten
- Suppenwürze nach Geschmack
- 1 Handvoll Haselnüsse
- Salz

Für 4 Personen
als Vorspeise
Ganz einfach

Das Gemüse in kleine Würfel schneiden und in Öl etwas anbraten. Danach mit etwa 8 Tassen Wasser ablöschen, etwas Suppenwürze dazugeben und weich kochen.

Inzwischen kannst du die Haselnüsse hacken und entweder in der trockenen Pfanne oder in etwas Öl goldbraun rösten und nach Geschmack salzen. Die Haselnüsse kommen zum Schluss als Topping auf die Suppe.

Karottensuppe

Zutaten:
- ca. 6 Karotten
- ca. 2 Kartoffeln
- 2 EL Suppenwürze (Seite 25)
- etwas Öl
- 1–2 Knoblauchzehen
- etwas von deinem Lieblingsöl zum Beträufeln

Für 2 Personen
Ein wärmender
Klassiker

Koche 4 Tassen Wasser auf und schnipple einstweilen die Karotten und Kartoffeln klein (je kleiner, desto schneller sind sie gar). Mit der Suppenwürze im Wasser weich kochen, den Knoblauch hineinpressen und alles pürieren (ein paar Stückchen zum Beißen lassen ☺). Vergiss nicht, dein Lieblingsöl darüberzusprenkeln, damit die fettlöslichen Vitamine gut aufgenommen werden können!

Das ist eine meiner Lieblingssuppen. Die Kartoffel dient lediglich der Sämigkeit – damit sie auf der Zunge zergeht. Ein bisschen Chili oder Meerrettich passt auch prima.

Eintopf mit „Riesenzucchini"

**Für 4–6 Personen
Einfach deftig**

Zutaten:
- 1 voll ausgereifte Zucchini, die außen gelb und hart ist
- 2 Zwiebeln
- 3 Kartoffeln
- optional ½ kleiner Kürbis (z. B. Hokkaido)
- optional je 1 Handvoll Linsen und Gerstengraupen (macht's noch deftiger)
- etwas Öl zum Braten
- 1 gehäufter EL Suppenwürze
- 2 Knoblauchzehen
- Öl zum Beträufeln
- frische Kräuter zum Garnieren

Als erstes kämpfst du mit der Zucchini, um sie aus der harten Schale zu bekommen. Ich „hacke" (wortwörtlich) sie immer in etwa 20 cm lange Stücke, stelle sie senkrecht auf und schneide von oben nach unten die Schale runter und schneide den Rest in gröbere Würfel.

Die Zwiebeln, Kartoffeln und eventuell den Kürbis in Würfel schneiden und etwas anbraten. Gib die Zucchiniwürfel samt Kernen dazu, eventuell auch Linsen und Gerste, und gieße alles mit 1 Liter Wasser auf (alles sollte mit Wasser bedeckt sein). Suppenwürze dazugeben und das Gemüse weich köcheln lassen. Geh einmal ganz kurz mit dem Pürierstab durch, damit die Suppe cremig wird, aber der größte Teil noch stückig ist. Jetzt nochmal abschmecken, mit Salz nachwürzen und zum Schluss Knoblauchzehen in die Suppe pressen (wenn dir das zu „knoblauchig" ist, kannst du sie gerne mitkochen oder weniger nehmen). Zum Schluss mit Öl und frischen Kräutern garnieren.

*Die Kerne zu verwenden ist wirklich empfehlenswert.
Auf die Kerne in der Suppe freue ich mich immer am meisten.
Sie sind zwar etwas zäh, aber darin befindet sich eine milchige,
leckere Masse – naja, wie ein Kürbiskern eben, nur in einer
knackigen Schale. Einfach nur lecker!*

Winter

Mein Tipp

Diese ausgereiften Zucchini habe ich im Handel leider noch nie gesehen. Daher muss man die Zucchini selbst anbauen und ein paar zum Herbst hin ausreifen zu lassen. So sind Zucchini übrigens ein super Lagergemüse! Sie halten sich dann ähnlich gut wie Kürbisse monatelang und zwar bei Zimmertemperatur.

Mein Tipp

Ich gebe manchmal noch
ganze gekochte Weizen-
oder Dinkelkörner dazu.
Sie geben einen gewissen
Biss.

Kartoffel-Karotten-Auflauf

Zutaten:
- 4 große Kartoffeln
- 3 große Karotten
- 2 Knoblauchzehen
- 1 mittleres Glas Tomatensoße (Seite 26)
- Salz
- frische Kräuter, gehackt
- etwas Öl
- 1 Grundrezept „Käse"soße (Seite 21)

Für 2 Personen
Einfach,
aber äußerst
schmackhaft

Die ungeschälten Kartoffeln und die Karotten würfeln. Gib sie in eine Schüssel, presse den Knoblauch darüber und gib die Tomatensoße sowie Salz, Kräuter und etwas Öl nach Geschmack dazu. Nun in einer Auflaufform verteilen. Bereite die „Käse"soße nach Grundrezept zu und verteile sie darüber. Den Auflauf bei etwa 180 °C etwa 30 Minuten backen, bis das Gemüse durch ist (mit der Gabel reinstechen). Falls die knusprige Kruste noch fehlt, zum Schluss den Grill für ein paar Minuten dazuschalten.

Krautfleckerl

Zutaten:
- 1 Grundrezept für Nudeln (Seite 17)
- ½ Weißkohlkopf
- 1 große Zwiebel
- etwas Öl zum Braten
- Salz, gemahlener Kümmel

Für 2 hungrige
Personen
Ein österreichischer
Klassiker

Bereite den Nudelteig nach Grundrezept vor. Schneide das Kraut in Rechtecke („Fleckerl") und die Zwiebel in Würfel. Beides in der Pfanne in Öl anbraten, salzen und Kümmel zugeben. Etwas dünsten (ggf. etwas Wasser dazugeben). Koche in einem großen Topf gesalzenes Wasser auf. Rolle den Teig aus und schneide ihn ebenfalls in kleine Rechtecke. Die Fleckerl 3 Minuten im Wasser kochen, bis sie oben schwimmen. Abseihen und in der Pfanne mit dem Kraut etwas mitbrutzeln lassen.

Ein traditionelles österreichisches Gericht, das ich immer nur vom Hörensagen kannte. Bis es mir eines Tages von Michael serviert wurde, der ja selbst nicht aus Österreich stammt. Tja, da hatte ich wohl was verpasst. ☺

Sellerieschnitzel mit Potatoe-Wedges

**Für 2 Personen
Ganz einfach**

Zutaten:
- 5–7 große Kartoffeln
- Öl
- Salz
- Paprikapulver
- 1 Sellerieknolle

Kartoffeln in Spalten schneiden. In einer Schüssel mit 1–2 Esslöffeln Öl, Salz und Paprika nach Geschmack gut durchmischen. Leg die Kartoffel- spalten auf ein mit Backpapier ausgelegtes Backblech und lasse sie bei etwa 180 °C in etwa 20 Minuten schön goldbraun werden. Die Sellerieknolle schälen, waschen und in etwa 1 cm dicke Scheiben schneiden. In der Pfanne mit Öl beidseitig goldbraun backen und probieren, ob die Scheiben durch sind (je nach Vorliebe können sie mehr oder weniger bissfest sein).

Krautstrudel

**Für 2 Lecker-
mäuler

Einfach und
preiswert!**

Zutaten:
- 1 Grundrezept für Strudelteig (Seite 20)
- 1 Zwiebel
- ca. ½ Kohlkopf
- Salz
- Öl
- gemahlener Kümmel

Bereite den Strudelteig nach Grundrezept zu. Nun die Zwiebel und das Kraut ganz fein schneiden, mit Salz, etwas Öl und gemahlenem Kümmel mischen. Ziehe den Strudelteig dünn aus, fülle ihn mit dem Gemüse und rolle ihn zusammen. Die Rolle kannst du mit etwas Öl bestreichen und dann im Backofen bei etwa 180 °C etwa 30 Minuten backen. Fertig!

Wieder ein sehr simples Rezept. Die Einfachheit entstand zufällig, weil ich es bei meinem ersten Versuch „gut meinte" und das Kraut mit den Zwiebeln schön angebraten hatte. Doch was passiert mit heißer Füllung in dünnem Teig? Natürlich, er reißt ... Seither verzichte ich auf das Anbraten – keep it simple ☺ Mahlzeit!

Früher fand ich Gemüseschnitzel nicht so dufte. Liegt wahrscheinlich an der Tatsache, dass ich mir vorgestellt habe, sie sollen „echte Schnitzel" imitieren, womit sie natürlich nur verlieren können. Sobald man aber Gemüse als das akzeptiert was es ist, kann man den individuellen Geschmack innerhalb einer riesigen Vielfalt einfach nur genießen.

Mein Tipp

Serviere beides mit fruchtigem Ketchup und frischen Sprossen. Dazu passt perfekt ein erfrischender Salat.

Das Rezept klingt so banal, aber wenn du es noch nie probiert hast, solltest du das schleunigst nachholen! Meine Oma hat mir das früher als „Arme-Leute-Essen" serviert und ich habe es schon damals heiß geliebt! Ich persönlich zerdrücke die Kartoffeln am liebsten. ☺

Chinakohlgemüse mit Dinkelreis

Zutaten:
- 1 Tasse über Nacht eingeweichter Dinkel
- 1 Zwiebel
- etwas Öl zum Braten
- 1 Chinakohlkopf
- 1 Tasse weich gekochte Bohnen
- Salz
- 1 Glas Tomatensoße (Seite 26)
- getrocknete Kräuter

Für 2 Personen
Gesund und lecker!

Koche den Dinkel in 2 Tassen Wasser weich (bis zu 1 Stunde). Schneide die Zwiebel in dünne Spalten und dünste sie in etwas Öl in einer Pfanne. Vom Chinakohl schneidest du die weißen Blattrippen in Streifen (das Grüne kannst du für einen Salat verwenden) und gibst sie in die Pfanne dazu. Etwas andünsten und Bohnen, Salz nach Geschmack und Tomatensoße dazugeben. Lass alles etwas köcheln und streue getrocknete Kräuter darüber.

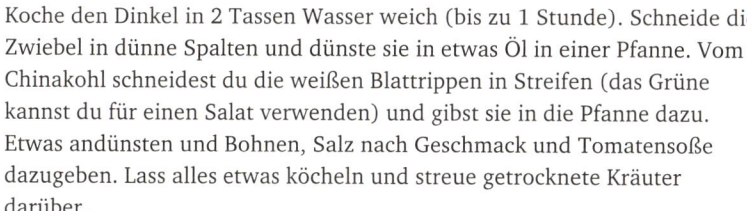

Mhmm! Ich kann mich nur gut erinnern, wie verdutzt ich geschaut habe, als Michael mir zum ersten Mal gekochten Chinakohl serviert hat. Salat kochen? Wie bitte? Tja, ich kannte Chinakohl eben nur als geschnittenen Salat und konnte mir bis dahin nicht vorstellen, dass er auch warm schmeckt. Und wie! Einfach köstlich.

Kartoffeln minimalissimo

Zutaten:
- etwa 8 große Kartoffeln (ich bevorzuge mehlige)
- dein Lieblingsöl
- Salz
- evtl. Kräuter zum Bestreuen

Für 2 Personen
Schlichter Genuss

Du kannst die Kartoffeln (samt Schale) in Wasser kochen oder, noch besser, in einem Siebeinsatz dämpfen, bis sie gar sind. Noch heiß direkt auf den Teller geben, mit Öl übergießen (ich liebe hochwertiges Rapsöl), salzen und mit Kräuter bestreuen.

Winter

Warmes Weißkraut

Zutaten
für 2 Personen
Ganz easy

Zutaten:
- 1 Zwiebel
- Öl zum Braten
- ½ Weißkohlkopf
- Salz
- Essig
- evtl. gemahlener Kümmel

Schneide die Zwiebel in Würfel und dünste sie in etwas heißem Öl glasig. Das Kraut in feine Streifen schneiden, dazugeben und mit einem Teelöffel Salz würzen. Etwa 5 Minuten köcheln, mit zwei ordentlichen Schuss Essig (oder weniger, nach Geschmack) ablöschen und eine halbe Tasse Wasser dazugeben. Den Kohl so lange dünsten, dass er noch die gewünschte Bissfestigkeit hat. Mit Salz, eventuell Essig und Kümmel abschmecken. Die perfekte Beilage zu den Pastinaken-Kartoffel-Laibchen (Seite 167).

Winter-Wraps

Für 2–3 Personen
Winterrohkost,
die schmeckt

Zutaten:
- 1 Grundrezept Teig für Wraps (Seite 18)
- je 6 EL Füllung pro Wrap nach Lust und Laune: Zwiebel- und Knoblauchwürfelchen, gekochte Bohnen nach Wahl, Weiß- oder Rotkrautstreifen, Karottenstifte, Apfelstückchen
- Tomatensoße (Seite 26)
- Salz
- etwas Öl

Den Teig nach Grundrezept zubereiten und schon mal eine Pfanne erhitzen. Dünne Fladen ausrollen, die in die Pfanne passen, und dann bei großer Hitze je 1–2 Minuten in der trockenen Pfanne backen, bis sie etwas Farbe bekommen. Dabei mindestens einmal wenden.
Gebackene Fladen in ein ganz leicht feuchtes Tuch einschlagen, damit sie nicht zu hart und brüchig werden.
Das Gemüse mit Tomatensoße, Salz und etwas Öl mischen und abschmecken. Die Fladen füllen, zusammenrollen (am besten die Seiten einmal einschlagen, damit nichts rausfällt) und direkt aus der Hand schlemmen!

Mein Tipp

Geniales Fast Food mit
hohem Rohkost-Anteil!
Wenn du magst, kannst
du das Gemüse natür-
lich auch andünsten,
bevor du es in die Fladen
wickelst.

Winter

Manchmal mag ich dieses Burger-Feeling. Einfach mal reinmampfen! Die Rübenscheiben können und sollen Fleisch gar nicht imitieren, sind aber wirklich lecker – probieren und überraschen lassen. Michael liebt solche Burger auch. Ab und zu essen wir sie auch „nur" mit frischem Gemüse.

Rübenburger

Zutaten:
- 1 große Rote Bete (alternativ Kohlrabi oder Sellerie)
- Öl zum Braten
- Salz
- 2 Brötchen
- frisches Gemüse der Saison, z. B. Zwiebelringe, Salatblätter, Karottenstifte zum Belegen
- Sprossen und Kräuter zum Belegen

Für 2 Burger
Gesundes
Fastfood

Die Rote Bete schneidest du in etwa ½ cm dicke Scheiben und brätst sie in Öl knusprig an, bis sie gar sind. Gleich beim Braten ein bisschen salzen. Schneide die Brötchen auf und belege sie mit Gemüse, Sprossen und Kräutern. Die Rübenscheiben auf die Burger verteilen und genießen. Dazu passt Ketchup oder Chutney.

Pastinaken-Kartoffel-Laibchen

Zutaten:
- 2 mittelgroße Pastinaken
- 3 mittelgroße Kartoffeln
- 1 gestrichener TL Salz
- 1 EL Paprikapulver
- ½ Tasse Mehl
- etwas Öl zum Braten

Zutaten für
etwa 6 handgroße
Laibchen
Feine
Schlemmerei

Pastinaken und Kartoffeln grob reiben. Gib Salz, Paprikapulver und etwa eine ½ Tasse Mehl zur Masse. Die Feuchtigkeit variiert, deswegen so lange Mehl dazugeben, bis die Masse formbar wird, aber nicht bröckelt. Mit kaltem Wasser die Hände befeuchten und flache Laibchen formen (je flacher, desto knuspriger, aber auch brüchiger).
In einer Pfanne in heißem Öl goldbraun braten. Die Laibchen müssen keinesfalls in Fett schwimmen, sofern man eine beschichtete Pfanne verwendet. Dazu passt natürlich Ketchup gut.

Diese Laibchen sind Michaels Spezialität und ich liebe sie! Im Prinzip kann man so gut wie jedes Gemüse hineinmischen, das sich raspeln lässt und nicht allzu wasserhaltig ist.

Kartoffelbrot

Zutaten: • 2–2 ½ Tassen Mehl (je nach Wassergehalt der Kartoffeln)
• 1 Pkg. Trockenhefe
• 1 TL Salz
• 2 Tassen fein geriebene mehligkochende Kartoffeln
• ½ Tasse heißes Wasser

Mische erst die trockenen Zutaten miteinander und dann die geriebenen Kartoffeln mit dem Wasser. Dann alles zusammenmischen und einen geschmeidigen Teig kneten.
45 Minuten zugedeckt und warm gehen lassen. Den Teig nochmals leicht durchkneten und einen Laib formen (oder in eine gefettete und bemehlte Backform geben). Backe das Brot im vorgeheizten Backofen bei 200 °C (Umluft) für etwa 50 Minuten.

Kartoffel-Gurken-Aufstrich

Zutaten: • etwa 5 mehligkochende Kartoffeln
• 1 kleines Glas Essiggurken
• 1 kleine Zwiebel
• Öl
• Salz
• evtl. Paprikapulver

Koche die ungeschälten Kartoffeln weich und zerdrücke sie samt Schale zu einem Brei. Essiggurken und Zwiebel klein schneiden und zum Kartoffelbrei dazugeben.
Schmecke den Aufstrich mit etwas Öl, Salz, Paprikapulver und ruhig auch etwas vom Essiggurkenwasser ab!

Wieder eine sehr einfache Variante für Brotaufstrich, die ich noch aus meiner Kindheit kenne. In Österreich heißt der Aufstrich „Erdapfikaas" (Kartoffel-Käse), obwohl traditionell ebenso wenig Käse darin zu finden ist wie im obigen Rezept. Moizeit!

Mein Tipp

Knete den Teig zunächst
mit etwas weniger Mehl
und gib' nach und nach
mehr dazu, falls er zu
weich ist. Die Mehlmenge
hängt stark davon ab, wie
wasserhaltig deine Kar-
toffeln sind.

Leinsamen-Aufstrich

Für 3–4 Personen
Originell

Zutaten:
- 1 Tasse Leinsamen
- Essig
- Öl
- Salz
- Paprikapulver
- 1–2 Knoblauchzehen, durchgepresst
- evtl. 1 Handvoll gekochte Kartoffeln oder Gemüse vom Vortag

Die Leinsamen in einer trockenen Pfanne rösten und danach durch eine Mühle jagen (bei uns funktioniert das mit einem Mahlaufsatz des Fleischwolfes sehr gut). Dieses Leinsamenmehl mit Essig (z. B. auch aus Gurkengläsern), Öl, Salz und Paprikapulver mischen, bis alles die gewünschte Aufstrichkonsistenz hat. Knoblauch muss natürlich auch rein. Eventuell noch gekochte Kartoffel- oder Gemüsereste vom Vortag pürieren und untermischen. Muss aber nicht sein, damit es schmeckt! Jedenfalls ein sehr gehaltvoller Aufstrich.

Für den Leinsamenaufstrich gibt es nicht wirklich ein Rezept, weil er bei uns jedes Mal unterschiedlich wird und auch immer etwas anderes hineinkommt. Als wir in Tschechien lebten, haben wir diese geniale Variante kennengelernt.

Apfel-Zwiebel-Brotbelag

Für 2–3 Brote
Fruchtig

Zutaten:
- 1 Apfel
- 1 Zwiebel
- etwas Öl zum Braten
- Salz
- Kräuter zum Bestreuen

Apfel und Zwiebel klein schneiden, und in Öl anbraten und mit Salz abschmecken. Mit Kräutern bestreut servieren. Ein würzig-fruchtiger Brotbelag, der viel leckerer schmeckt, als er klingt. ☺

Mein Tipp

Das Rösten ist übrigens
ein Muss, weil sich die
Samen so leichter mah-
len lassen und auch viel
aromatischer schmecken.
Geht natürlich auch mit
vielen anderen Samen:
Probier mal geröstete
Kürbis- oder Sonnen-
blumenkerne!

Winter

Röstkraut-Brotbelag

Zutaten:
- 2–3 Handvoll Weiß- und/oder Blaukraut
- 1 kleine Zwiebel
- etwas Öl zum Braten
- Salz
- gemahlener Kümmel
- 3–4 Scheiben Brot, z. B. Bauernbrot

Für 3–4 Brote
Super bei akutem
„Kohldampf"

Ganz simpel: Kraut und Zwiebel klein schneiden und in Öl anbraten, bis das Kraut innen weich und außen etwas gebräunt ist. Mit Salz und Kümmel abschmecken. Et voilà: Auf einem herzhaften Bauernbrot einfach zum Reinbeißen!

Aromatisches Tomatenpesto

Zutaten:
- ½ Tasse Sonnenblumenkerne (oder nach Belieben mehr)
- 1 Glas getrocknete Tomaten in Öl
- evtl. 1 große Handvoll frische Basilikumblätter
- Salz

Für 1 Glas
Simpel und lecker

Röste die Sonnenblumenkerne vorsichtig auf niedriger Stufe, bis sie hellbraun werden (auf keinen Fall zu dunkel werden lassen!). Gib sie mit den restlichen Zutaten in einen Mixer und rühre eine geschmeidige Paste. Schütte nicht gleich das ganze Öl mit hincin, sondern gib es nach Bedarf dazu, je nachdem, wie du die Konsistenz magst.
Zum Schluss mit Salz abschmecken.

Mjam! Passt natürlich nicht nur aufs Brot, sondern auch zu Nudeln, Kartoffeln, ...

Winter

Fluffiges Brot für Gemütliche

Für 1 Brot
Das einfachste Brot überhaupt

Zutaten: • 3 Tassen Mehl
• ¼ TL Trockenhefe (ja, wirklich so wenig ☺)
• 1,5 TL Salz

Mische erst die trockenen Zutaten und gib dann 1⅓–1½ Tassen kaltes Wasser dazu. Alles mit einem Löffel gut verrühren – kneten ist nicht nötig. Nun Deckel drauf und 12 Stunden bei Zimmertemperatur gehen lassen (eventuell über Nacht von 20 bis 8 Uhr).

Am nächsten Tag die Arbeitsfläche richtig dick mit Mehl bestreuen und den Teig darauf gießen (er ist relativ flüssig). Nun den Teig von vier Seiten wie ein Briefkuvert einschlagen und mit der gefalteten Seite nach unten in ein bemehltes Geschirrtuch legen. Der Teig muss nun in das Tuch eingeschlagen nochmal 1–1,5 Stunden ruhen.

Jetzt brauchst du einen ofenfesten Topf mit Deckel. Den Backofen auf 250 °C Ober- und Unterhitze vorheizen. Gib das Brot in den Topf, leg den Deckel drauf und backe es die ersten 5 Minuten bei 250 °C. Danach die Temperatur auf 230 °C herunterschalten und 30 Minuten weiterbacken. Jetzt kommt der Deckel runter und du bäckst das Brot nochmal 20 Minuten.

Die Vorgehensweise mag etwas kompliziert klingen, wird aber schnell Routine. Vor allem, wenn man dieses Ciabatta-ähnliche Brot so gerne mag wie ich. ☺ Dieses Brot kursierte als „No-Knead-Bread" (also „Kein-Kneten-Brot") und wurde durch eine New York Times-Kolumne ziemlich populär. Es wird wirklich erstaunlich knusprig und fluffig zugleich.

Frische Vitamine im Winter?

Kein Problem! Deine Fensterbank ist perfekt für eine Keimlingsfarm! Egal ob Kresse, Alfalfa, Radieschensamen, Sonnenblumenkerne, Linsen oder Bockshornklee – im nächsten Bioladen wirst du fündig und findest sicher bald deine Lieblingssorte! Einfach der Packungsbeilage folgen und nach nur wenigen Tagen hast du die Vitaminbomben frisch auf dem Teller!

Mein Tipp

Das Brot gelingt auch, wenn man je zur Hälfte Weißmehl und Vollkornmehl verwendet. Bemerkenswert finde ich den niedrigen Hefegehalt: Durch die lange Gehzeit kann sich die Hefe super verbreiten und übernimmt quasi das Kneten. Einfach genial!

Wirsing-Mond-Suppe

Für 2 Personen
Vitaminbombe

Zutaten: • 1 Grundrezept für Hefeteig salzig (Seite 18)
• 1 Zwiebel, gewürfelt
• 1 Knoblauchzehe, gewürfelt
• etwas Öl
• 3 Tassen klein geschnittener Wirsing
• 2 große Kartoffeln, klein geschnitten
• Salz

Bereite den Hefeteig vor und lasse ihn warm gehen. Da man für die Suppen-Einlage nur sehr wenig Teig braucht, kannst du die Monde entweder auf Vorrat machen oder aus dem restlichen Teig ein Brot backen! Rolle ein Teigstück etwa 3 mm dünn aus und steche Monde aus. Backe die Monde etwa 10–15 Minuten bei 180 °C.

Die Zwiebel und den Knoblauch schwitzt du in etwas Öl an. Gib den Wirsing und die Kartoffeln dazu. Etwas mitdünsten lassen und mit 3 Tassen Wasser aufgießen. Koche alles, bis die Zutaten weich sind (je nach Geschmack, etwa 10 Minuten), püriere die Suppe und schmecke sie noch mit Salz ab. Mit den Monden bestreut servieren.

Mein Tipp

Für die Monde habe ich gar keine extra Ausstechform. Du kannst einfach mit einem kleinen Schnapsglas Sichel für Sichel vom Teig abstechen.

Kartoffelknödel mit Pilzsoße

Für die Kartoffelknödel:

- 2 Tassen gestampfte mehlige Pellkartoffeln, kalt
- ¾–1 Tasse Mehl
- 1½ gestr. TL Salz

Für die Pilz-Zwiebelsoße:

- 4 Tassen Pilze
- 2 Zwiebeln
- etwas Öl
- 1 EL Mehl
- 2 Knoblauchzehen
- Kräutersalz
- Paprikapulver
- 1 Rezept Rotkraut (Seite 106)

Für 2 Personen
Herrlich lecker

Der Teig wird bei mir generell etwas weicher, hat dafür aber einen tollen Kartoffelgeschmack. Als Dessert passen der Mohnstollen (Seite 179) oder der Apple Crumble (Seite 180) besonders gut.

Mische einen geschmeidigen Teig aus den Knödelzutaten. Die Mehlmenge hängt stark vom Wassergehalt der Kartoffeln ab. Forme kleine Knödel und gare sie 15–20 Minuten in Dampf (mit Siebeinsatz). Die Knödel entweder gleich servieren oder etwas einölen.

Für die Pilz-Zwiebel-Soße Pilze und Zwiebeln klein schneiden, in Öl anbraten und dünsten. In einem Glas etwa ½ Tasse Wasser mit dem Mehl verschütteln und so viel dazugeben, bis eine cremige Soße entsteht. Gut durchrühren, den Knoblauch hineinpressen und mitgaren lassen. Nun noch mit Kräutersalz und Paprikapulver abschmecken. Die Knödel mit der Soße übergießen und zusammen mit dem Rotkraut servieren.

Mein Tipp

Das Salz treibt die Süße
etwas aus den Äpfeln,
zusätzlicher Zucker ist
eigentlich nicht nötig.
Süßschnäbel geben ein-
fach noch 1 bis 2 Esslöffel
Zucker dazu.

Mhhhm! Düfte aus der Kindheit ☺ Den Strudel
kannst du im Prinzip mit jedem Obst füllen.
Kirschstrudel ist auch der Hammer!

Kindheits-Apfelstrudel

Zutaten:
- 1 Grundrezept für Strudelteig (Seite 20)
- 2–3 große Äpfel
- 1 Tasse Rosinen
- 1 Tasse geriebene oder gehackte Nüsse
- 1 Prise Salz
- etwas Öl
- Puderzucker nach Wunsch

Für 1 Strudel
Wie bei Oma

Bereite den Strudelteig vor und stelle in kühl. Die Äpfel schneidest du fein blättrig und gibst sie in eine Schüssel. Rosinen und Nüsse dazu, eine Prise Salz und einen kleinen Löffel Öl für den Geschmack. Nun ziehst du den Strudelteig dünn aus und füllst ihn mit der Apfelmischung.
Anschließend mit etwas Öl bestreichen und im vorgeheizten Backofen bei 180 °C etwa 20–30 Minuten backen, bis der Strudel etwas gebräunt ist. Nach Wunsch mit Puderzucker bestreuen.

Mohnstollen

Zutaten:
- 1 Grundrezept für süßen Hefeteig (Seite 19)
- 3 Tassen gemahlener Mohn
- ⅓ Tasse Zucker
- 1 Handvoll Rosinen
- 1 geriebener Apfel
- evtl. 1 Schuss Rum

Für 1 Stollen
Ganz simpel

Als erstes den Hefeteig vorbereiten und gehen lassen. Inzwischen mischst du einfach alle übrigen Zutaten für die Füllung mit 1 Tasse heißem Wasser. Wenn der Teig gegangen ist, rolle ihn möglichst rechteckig aus und bestreiche ihn mit der Mohnfülle. Zusammenrollen (oder von zwei Seiten zusammenrollen) und nochmal 20 Minuten abgedeckt ruhen lassen. Den Mohnstollen bei 180 °C 30–40 Minuten backen. Mhhm!

Ein schmackofatziges Gebäck, das bei uns zu „Kaffee und Kuchen" nie fehlen durfte. Erinnert mich an schöne Nachmittage mit der Familie bei Oma.

Winter

Apple Crumble

Für die Äpfel
- ca. 10 mittelgroße Äpfel
- 2 EL Zucker
- 2 TL Mehl
- etwas Öl und Mehl für die Form

Für die Bröselmasse
- ⅔ Tasse Haferflocken
- ⅔ Tasse (Vollkorn-)Mehl
- ⅔ Tasse Zucker
- ½ Tasse geriebene Walnüsse
- ½ TL Backpulver
- ¼ TL Salz
- ¼ TL Öl

Beöle und bemehle eine Springform und stelle sie zur Seite. Schneide die Äpfel in dünne Scheiben und mische sie mit Zucker und Mehl. Leg die Apfelmischung in die Springform. Verrühre die Zutaten für die Bröselmasse mit 2 Esslöffeln Wasser und zerkrümle die Masse mit deinen Fingern. Die Brösel auf die Äpfel streuen und das Ganze 20–30 Minuten bei 180 °C backen.

Du kannst Crumbles auch mit anderem Obst probieren!
Sehr lecker und einfach.

Linzer Augen

Zutaten:
- 1 Tasse Mehl plus Mehl für die Arbeitsfläche
- ½ Tasse Puderzucker plus evtl. Puderzucker zum Bestreuen
- 4 EL Öl
- 1 kleine Prise Salz
- 2–3 Esslöffel Johannisbeermarmelade

Verrühre die Zutaten zusammen mit 4 Esslöffeln Wasser zu einem geschmeidigen Teig. Rolle ihn anschließend auf einer bemehlten Fläche etwa 2–3 mm dünn aus und stich jeweils gleich viele Kreise und Kreise mit Löchern aus. Die Kekse werden bei etwa 180 °C etwa 10 Minuten gebacken. Bestreiche die abgekühlten Kreise mit der Marmelade und setze die „Deckel" darauf. Du kannst die Kekse noch mit Puderzucker bestreuen.

Mein Tipp

Die Kekse sind ziemlich knusprig. Nach ein paar Tagen in der Keksdose werden sie aber schön weich!

Mein Tipp

Wenn du dein Vorrats-
müsli noch verfeinern
willst, kannst du Trockenfrüchte, Nüsse und Samen
dazugeben. Aber erst in
das abgekühlte Müsli!
Nüsse und Samen am
besten separat in einer
Pfanne rösten, da auch
sie leicht anbrennen.

Hafercrunchy mit Obst

Zutaten:
- 3–6 EL Zucker
- 1 Prise Salz
- 3 EL Öl
- 4 Tassen Haferflocken
- Zum Servieren für 2 Personen:
  je 1 Apfel und 1 Birne, klein geschnitten

Für ein großes
Glas auf Vorrat
Lass es krachen!

Erhitze etwa ⅓ Tasse Wasser und rühre Zucker und Salz darunter, bis sich beides aufgelöst hat. Rühre das Öl darunter und gieße das Ganze über die Haferflocken. Mische alles gleichmäßig durch und lasse die Haferflocken 5–10 Minuten leicht in der Flüssigkeit quellen.
Verteile die Masse anschließend auf einem mit Backpapier ausgelegten Backblech und backe sie bei 180 °C etwa 30–40 Minuten im Backofen. Während dieser Zeit solltest du die Flocken drei- bis viermal durchmischen, damit alles gleichmäßig gebräunt wird.
Serviere das Hafercrunchy mit klein geschnittenem Obst gemischt. Dazu passen natürlich auch Trockenfrüchte und Nüsse.

*Bleib während des Backens lieber in der Nähe des Ofens!
Die Masse brennt schnell an, wenn man versäumt, sie rechtzeitig
zu wenden oder einen unregelmäßig heizenden Ofen hat.
Ein gutes Buch kann die Wartezeit verkürzen.* ☺

Winter

Karottenkuchen

Für eine
kleine Springform
(20 cm)
Lecker-saftig

Für den Teig:

- 1½ Tassen geriebene Karotten
- 1 Tasse Mehl
- ½ Tasse geriebene Nüsse
- ½ Tasse Zucker
- 2 TL Backpulver
- 1 Prise Salz
- ⅓ Tasse Öl
- 1 EL Essig

Für den Guss:

- etwa 5 EL Puderzucker
- Wasser

Mische zuerst die trockenen Zutaten und gib dann die nassen Zutaten (mit Ausnahme des Essigs) plus ¼ Tasse Wasser dazu. Fette und bemehle die Backform. Unmittelbar bevor du den Kuchenteig einfüllst, mische noch den Essig drunter.

Backe den Kuchen 30–40 Minuten bei 180 °C und mach die Stäbchenprobe. Den leicht abgekühlten Kuchen aus der Form stürzen. Den Puderzucker mit so viel Wasser anrühren, dass ein recht zähflüssiger Guss entsteht, und den Kuchen damit bestreichen.

Gebackene Apfelringe

Für 2 Personen
als Nachtisch
Fruchtig lecker

Zutaten:
- ½ Menge vom Pfannkuchen-Grundrezept (Seite 18)
- ein paar EL geriebene Nüsse
- 2 große Äpfel
- Öl für die Pfanne
- etwas Puderzucker

Bereite den Pfannkuchenteig vor und gib ein paar Esslöffel geriebene Nüsse dazu. Nun die Äpfel mit einem Apfelausstecher entkernen und in 0,5–1cm dicke Ringe schneiden. Solltest du keinen Entkerner haben, schneide die Äpfel einfach in Scheiben. Jetzt musst du nur noch die Äpfel in den Teig dippen und in der Pfanne in heißem Öl goldbraun ausbacken.
Schmeckt super mit etwas Puderzucker bestäubt!

Wer sich nicht vorstellen kann, dass Gemüse in Kuchen schmeckt, sollte dieses Rezept dringend ausprobieren! ☺

Nussecken

Zutaten:
- 1 Grundrezept für süßen Mürbteig (Seite 20), aber nur ½ Tasse Puderzucker
- ca. ¾ Tasse deiner Lieblingsmarmelade
- 2 Tassen geriebene Nüsse
- ½ Tasse Öl
- ¼ Tasse Wasser
- ½ Tasse Mehl

Für 1 Blech
Mal was Anderes

Bereite den Mürbteig vor, rolle ihn auf einem Blech aus und bestreiche ihn mit der Marmelade. Mische die übrigen Zutaten mit etwa ¼ Tasse Wasser zu einer streichfähigen, geschmeidigen Masse. Gib das Wasser nach und nach zu, um die gewünschte Konsistenz zu erhalten. Verteile die Nussmasse gleichmäßig auf der Marmelade. Bei 180 °C etwa 30–40 Minuten im Ofen backen und noch warm in Dreiecke schneiden.

Apfelchips

Zutaten:
- Nur Äpfel

Für ... so viel du magst ☺
Gesunde Knabberei

Entferne das Kerngehäuse mit einem Apfelentkerner. Zur Not geht es etwas umständlicher auch mit einem schmalen Messer. Schneide die Äpfel in etwa 3 mm dünne Ringe. Am besten fädelst du sie an einer Schnur auf und lässt sie ein paar Tage im Zimmer vortrocknen. Trockne die Apfelringe bei 70 °C im Ofen, bis sie knusprig sind (immer wieder mal nachsehen, es kann etwas länger dauern).
Schneide Rundhölzer aus dem Baumarkt oder gerade Äste, die durch die Apfellöcher passen, auf Ofenbreite zu. Fädle die Apfelringe auf und schiebe die Hölzer zwischen die Schienen. So wird der Ofen ganz schön voll und das Trocknen energiesparender!

Lass dir die süße Leckerei schmecken!
Die Chips sind eine ideale Verwertungsmöglichkeit für runzelig gewordene Äpfel im Winter oder für die Apfelschwemme. ☺

Service

Du möchtest noch mehr wissen? Hier findest
du weiterführende Links, Buchtipps und
Bezugsquellen für alles, was dein Herz begehrt.

Bezugsquellen

Bio-Keimsaat

www.sonnentor.com
www.keimling.at
www.avogel.de
www.eschenfelder.de
www.davert.de

Pilzbrut

www.hawlik-vitalpilze.de
www.pilzzucht.at
www.pilzgarten.at

Auch in Bio-Qualität

www.biogartenversand.de
www.pilzzuchtshop.eu

Bio-Saatgut

www.reinsaat.at
shop.dreschflegel-saatgut.de
www.bingenheimersaatgut.de
www.bio-saatgut.de
shop.arche-noah.at
www.sativa-saatgut.de

Weiterführende Infos

Solidarische Landwirtschaft

www.solidarische-landwirtschaft.org

Food Coops

www.foodcoops.at
www.foodcoops.de

Vegane Ernährung

www.vebu.de
Website des Vegetarierbundes Deutschland mit vielen Infos zur veganen Ernährung.

www.vegan.at
Vegane Gesellschaft Österreich

Zum Weiterlesen

Essbare Wildpflanzen: 200 Arten bestimmen und verwenden, Steffen G. Fleischhauer, Jürgen Guthmann, Roland Spiegelberger, AT Verlag 2007.
Mein erstes und immer noch mein Lieblings-Bestimmungsbuch. Man kann nach Blattformen suchen (was sehr praktisch ist, wenn die Pflanze noch nicht blüht). 200 Pflanzen sind ja zum Anfangen mehr als genug. ☺

Pilze anbauen – Die besten Arten anziehen und genießen, Dagmar und Siegfried Stein, blv Buchverlag 2005.
Schönes ausführliches Büchlein zum Selberziehen von Pilzen, das ich gerne zum Nachschlagen verwende.

Natürlich konservieren, herausgegeben von Terre Vivante, ökobuch Verlag 2005.
Tolles Buch zum natürlichen Konservieren. Es ist zwar nicht ganz vollständig, weil so manche gängigen Rezepte fehlen, aber es behandelt ausschließlich natürliche Konservierungsmethoden abseits der Gefriertruhe.

Alles für die Vorratskammer. Natürlich, praktisch, selbst gemacht, Löwenzahnverlag 2011.
Ein schönes Buch mit leckeren Rezepten von verschiedenen Bäuerinnen aus Österreich. Ich mag es gerne, wenn ich erprobte Rezepte nachkochen kann. Schön ist vor allem, dass mir eine Bäuerin aus dem Südburgenland entgegenlächelte, die ich zuvor schon kennengelernt hatte. ☺

Alles aus Wildpflanzen, Coco Burckhardt, Ulmer 2013.
Ein Buch mit einem unendlichen Fundus an Grundrezepten. Super übersichtlich gestaltet. Die Autorin hat viele Pflanzen im Repertoire, von denen ich bisher gar nicht wusste, was man alles mit ihnen machen kann.

Rezepte schnell finden

Danke ...

Mein Dank geht als erstes an alle Menschen, die mich während des Schreibens unterstützt haben. Meiner Familie und allen Freundinnen und Freunden, die immer wieder betonten, wie sehr sie sich schon auf das Buch freuen und mich somit immer wieder bestärkten und motivierten. Des Weiteren natürlich Danke Michael, dass auch du mir immer wieder positiv zugesprochen und mir den Rücken freigehalten hast. Ich weiß nicht, ob ich das ohne dich geschafft hätte, zumal ich die viele Arbeit für dieses Buch auch gnadenlos unterschätzt hatte .
Danke auch an das gesamte Team im Ulmer-Verlag für die viele Unterstützung und für das Vertrauen in mich und mein Buch.

Bildquellen

Alle Fotos bis auf die folgenden stammen von der Autorin.
Michael Hartl: S. 25, 27, 29, 188; Verena Hillgärtner: S. 2, 7 l. o., 9, 11, 12, 14, 17, 41, 67, 95, 114, Titelfoto; Antje Munk: S. 41; Carolin Riedel: S. 105
Die Zeichnungen stammen von Freiraum K, Stuttgart. Ausnahmen: Gänseblümchen, Apfel, Zwiebel, Kirsche, Erdbeere, Paprika von Atelier Reichert, Stuttgart

Bibliografische Information der Deutschen Nationalbibliothek
Die Deutsche Nationalbibliothek verzeichnet diese Publikation in der Deutschen Nationalbibliografie; detaillierte bibliografische Daten sind im Internet über http://dnb.d-nb.de abrufbar.

© 2014 Eugen Ulmer KG
Wollgrasweg 41, 70599 Stuttgart (Hohenheim)
E-Mail: info@ulmer.de
Internet: www.ulmer.de
Lektorat: Claudia Boss-Teichmann, Antje Munk
Herstellung: Gabriele Wieczorek
Umschlagentwurf: Michaela Mayländer, Stuttgart
Innenlayout: Freiraum K, Stuttgart
Repro: Timeray, Herrenberg
Satz: Atelier Reichert, Stuttgart
Druck und Bindung: Firmengruppe APPL, aprinta-druck, Wemding
Printed in Germany
ISBN 978-3-8001-8068-4

MIX
Papier aus verantwortungsvollen Quellen
FSC® C004592

Saisonkalender Wildpflanzen